こんな時代だからこそ
学びたい

松下幸之助の神言葉50

江口克彦
Eguchi Katsuhiko

アスコム

まえがき

Introduction

なぜ、いま松下幸之助に学ぶのか

このところ、日本経済は、世界的に低迷している。まさに陽が沈まんとしている。世界企業ランキング百社の中に、二、三社ほどしかランクインしていない。一九七〇年代から九〇年代前半までは、日本企業が十数社から二十数社がランクインしていたと記憶している。また、世界的に名をはせた日本の経営者たちも数知れず。

松下電器（現・パナソニック）の松下幸之助はもとより、ホンダの本田宗一郎、ソニーの盛田昭夫、井深大らは、世界から憧憬の的のような存在であった。

アメリカの未来学者で、ハドソン研究所の所長であったハーマン・カーンは、「21世紀は日本の世紀である」と言い、『超大国日本の挑戦』、『紀元2000年：33年後の世界』などの著作を出版し、また、同じアメリカの社会学者、エズラ・ヴォーゲルも、『ジャパン・アズ・ナンバーワン』を出版した。

アジア各国の経営者たちの多くは、競うように来日し、「日本的経営」を学んだ。それほどに評価され、実績を挙げた「日本的経営」は、確かに、優れて、効果のある経営と言えるであろう。

経営というものは、「人間」を前提にしている。人間を集め、人間を統率し、人間が求めるものをつくり、あるいは提供するものである。必然、経営の中心には「人間」を位置せしめなければならない。**「人間を追う経営」こそ、真の経営であろう。**

そのような経営によって、「商売」は栄え、明治維新以降も列強の企業に伍《ご》して、いや、それ以上の結果を残し続けている。

現に百年以上続いている企業数は全世界の四一・三％、さらに二百年以上となると実に六五・五％を占めている。ということは、世界の企業が束になっても日本の経営には勝てないと言っても過言ではないだろう。日本的経営が、世界の企業経営の中で最も優れた経営であると言ってもいいかもしれない。

そういう優れた日本的経営が、なにゆえに今日、積極的に評価されなくなったのか。それは、**平成以降の経営者たちが、みずからの「ダイヤモンド」をどぶ川に放り込み捨ててしまったからだ。**

言うまでもなく、平成以降の経営者たちの多くは、主にアメリカに留学し、そこで学んで博士号やＭＢＡの資格を取り帰国。その学んだアメリカ的経営の知識、理論を、そのまま日本の企業経営に取り込んだ。

彼らにとっては、アメリカで学んだ経営観、経営手法が最高最先端であり、知恵、仁愛の日本的経営は、田舎の経営観、経営手法だとなった。そのアメリカ経営の経営観は、利益追求であり、従って経営の中心はどこまでも「カネ」である。

そのために、会社は、経営者の資産増の手段であり、だからほとんど「人間」は、そのための「手段」でしかない。

だから、資産が投資した額の数倍、数百倍、数千倍、数万倍にでもなれば、さっさとM&Aで売却する。百年、二百年企業が圧倒的に日本企業よりも少ないのは、それに因があると言っても過言ではないだろう。

もちろん、**そのような「カネを追うアメリカ的経営」にも長所があることは認めるが、しかし、それは真の経営とは言い難い。**なぜならば、経営は「人間を集め、人間を統率し、人間が求めるものを作り、提供するもの」、言い換えれば常に「人間」が中心に存在しなければならないからだ。

その真でない経営、「カネを追うアメリカ的経営」が、真の経営である「人を追う日本的経営」をしていた日本企業に適応するはずがない。「アメリカの生水を日本人に飲ます」ようなことをすれば、当然、下痢を起こし脱水状態になる。いまの日本の会社は、いわば、「脱水状態」と言える。

アメリカ的経営を取り入れるとしても、「日本化」する知恵がなければいけない。漢字を取り入れながら平仮名、片仮名を考え出し、仏教や儒教を取り入れても、根底には、それまでの随神の道（神道）を堅持、巧みに融合せしめたように、知恵を働かせ、工夫しなければならない。

菅原道真の「和魂漢才」、明治維新の「和魂洋才」という言葉は、外来文化を取り入れても、日本人としての心、魂は堅持し、外来文化を主体的に、日本人、日本の風土に合うようにすべきだということだろう。

あの西郷隆盛も、「広く各国の制度を採り開明に進まんとならば、先づ我が国の本体を据ゑ風教（国体）を張り、然して後徐《しず》かに彼の長所を斟酌《しんしやく》するものぞ。否《しか》らずして猥《みだ》りに彼れに倣ひなば、国体は衰頽《すいたい》し、風教（徳による教育）は萎靡《いび》して匡救《きようきゆう》す可からず。終《つい》に彼の制を受くるに至らんとす」（『南洲翁遺訓』）と言っている。

要は、**「日本というものを、しっかりと確認し、徳をもってそれを支え、そのうえで日本に見合った長所を、各国の制度から学び取って採用することが大事だ。**なんでもかんでもそのままに無闇に模倣すると、日本の国体は衰え、徳も廃れて、救いようがなくなってしまい、結局は欧米の支配を受けるようになってしまうのである」ということであろう。

改めて日本的経営を見直すとき

およそ、**経営に取り組むとき、普遍性、時代性、国民性を考えることが重要である。**人間大事という普遍性、将来を読み解き、即応する時代性、そしてそれぞれの国民の風習、習慣、文化である。

その三項目を前提にして経営をしなければ、正当な経営はできない。このような三項目を意識するかしないかにかかわらず、日本の企業、老舗が取り組み、考えてきたからこそ、百年どころか、二百年、三百年、四百年と経営し続けていると言えるのではないか。

だから、アメリカ的経営がいいと思っても、その経営が日本人の精神風土に合うのかということは、西郷隆盛の言う通り、十分に吟味し確認し、日本的に改めるべきところは改めなければうまくいかない。

アメリカ的経営は、利を追うアメリカ人の精神風土に合った経営手法であり、そのままで、日本人の働く現場、すなわち会社に持ち込んでもうまくいかない。

繰り返すが、そのアメリカ的経営を持ち込んだ結果の悲劇を、いまの経営者たちは、認識すべきであろう。

声高に、「日本的経営に戻れ！」などと言うつもりはないが、もうここらで、アメリカ的経営の「カネを追う経営」、そのためのマニュアル経営、利潤追求の経営、結果重視の経営、実力重視の経営を再点検し、和魂米才、しなやかな主体性をもって、「日本化」することの必要性を理解してもいいのではないかと思う。

故・山本七平《やまもとしちへい》先生は、代表的な日本的経営者として、渋澤榮一《しぶさわえいいち》と松下幸之助をあげている。渋澤榮一は明治維新以降、第一国立銀行をはじめ、生涯約五百の企業に関わっているが、その著『論語と算盤』からも分かるように、「道徳経済合一説」を主張し、いわゆる欧米の資本主義経営とは一線を画する「人を追う経営」、日本的経営観、経営手法を展開した。

本書では、私が二十三年間、直接仕えた松下幸之助の「人を追う経営」、日本的経営観、経営手法などについて、どのような考えを持っていたか、どのようなことを日頃、語っていたかを書き綴り、だからこそ**日本経済、日本企業の陽の沈まんとするこのときに「松下幸之助」を再考すべきではないか、だからこそ「日本的経営」を再考すべきときではないか**ということを、多くの読者の方々と共有したいと願う。

なぜ私が松下幸之助を語れるのか

本書は、フィクションではない。

もちろん、一日でこれだけまとまった話を整然としたことはないが、松下幸之助の日々、繰り返し、私に話してくれたことをつなぎ合わせただけだということは、申し上げておきたい。

松下との出会いは、私が松下電器に入社し、その数年後にＰＨＰ研究所で松下の秘書として異動する折、その面接を受けたときである。

最初の二、三年間は相当緊張していたと記憶している。しかし、その後は松下幸之助から昼夜を問わず、また平日休日を問わず呼び出され、また頻繁に電話がかかってくるようになった。

その都度、直接に、時に一日中、経営、生き方、人間観などさまざまなことについて語ってくれ、あるいは真夜中、早朝の電話では、長時間、松下がそのとき思ったこと、思いついたことなど話してくれた。

毎日のように繰り返されたそのような呼び出し、電話で話す内容は、まったく新しい話も当然にあったが、基本的には同じような、また同じようなベクトルの話であった。内容によっては、二十三年間の、とりわけ松下幸之助の七十四歳から九十歳ごろの十五年前後であるが、同じ話を数十回も聞かされた。

しかし、私は松下の同じような話をまたかとは思わず、**こういうことが松下にとっていま気になっていること、重要な考え、根本的な思い、基本の信念、絶対的価値観だと受け止めていた**から、その繰り返しの話は、私のような凡なる人間にとって非常にありがたく、心に沈潜《ちんせん》していった。

松下幸之助とは、だんだんと周囲が訝《いぶか》しがるほど、仕事関係以上に緊密になった。当時の松下電器の副社長から最近、手紙が来たが、その中にも「創業者（松下幸之助）と貴殿の関係は、他に例がみられない不思議で貴重な関係だ」と書いているが、確かに松下と私が話をしている様子を傍から見た人は、訝しく不思議に思えたと思う。

もちろん、私は細心の上にも細心の気遣いをし、注意深くケジメを意識していたが、松下幸之助が私をまるで身内の人間であるかのように扱い接している様子、また私の自由な振る舞いを許している松下幸之助。その風景に、とりわけ松下電器の幹部社員たちは、内心、驚愕していたと思う。それが、当時の副社長からの手紙からもうかがえる。

もちろん先述した通り、最初からそういうような雰囲気、様子ではなかったが、私を頻繁に呼び出し、私に頻繁に電話をかけてくるようになってからは、次第に「不思議で貴重な関係」になっていった。

どうして、松下がそのように私に接してくれたのかは、私自身もいまだに分からない。片や松下電器グループの総帥《そうすい》、片や丁稚《でっち》同然の私。不思議に思わないほうがおかしいと言える。

しかし、それが事実であったことは、松下病院の四階の一室をマンション代わりに松下は使用していたが、そこで身の回りのお世話をしていた山田謙次という老人が、松下幸之助逝去後、手紙を何通か書いて送ってくれたが、その中にも松下と私の様子が書いてある。

残暑お見舞い申し上げます。

毎日、暑い日が続いておりますが、ご家族様ご健勝の御事とお慶び申し上げます。

在職中は色々とお世話になり格別に親切にしていただき、感謝しております。（中略）相談役様に報告に見えた時など、はたで見ると親子以上の親密さがあふれ、本当になごやかな気分が部屋中あふれておりました。

偉大なお方を亡くして残念で仕方ありません。おたがい淋しくなりましたね。（後略）

敬具

平成元年八月十七日

山田謙次

江口様

また、その翌年の秋に拙著『松下幸之助随聞録　心はいつもここにある』を贈ったところ、その礼状が送られてきたが、そこに次のようなことが書かれている。

拝啓　ようやく涼風を感じるよい気候となりました。益々ご健勝の御事とお慶び申し上げます。

いつも何かとご芳情を賜わり有難く厚く御礼申し上げます。

さて、先日は、「松下幸之助随聞録　心はいつもここにある」を贈って戴き、誠に有難うございました。

早速に読ませていただきました。忘れかけた昔の事が昨日の様な思い出となって浮かんで参りました。

この年などの主なできごとが私の頭の中を順番に整理できた様な気がいたします。

早朝夜中の電話の事など本当にお気の毒で困っておりました。

相談役様とお二人でお話をされる時は、いつも楽しそうで、はたで見ているとうれしく感じておりました。（後略）

敬具

平成二年十月廿四日

山田謙次

江口克彦様

この手紙の「早朝夜中の電話の事など本当にお気の毒で困っておりました」とあるが、これは私の自宅の電話（当時スマホはなかった）の番号を、松下みずからが厚紙に書いて、山田に頼まず直接電話をし、山田としては止めようがなかったからだ。

しかし、**夜中であろうと、早朝であろうと、休日であろうと、また呼び出しであろうと、電話であろうと、松下幸之助と話すひと時は、私にとって至福のときであった。**

いま思い出しても、しみじみと幸せであったと思う。

ただ、この二人だけの話は誰も知らない。一部はその拙著に紹介しているが、九九％は他言していない。二人だけのお互いに勝手気ままな私事から、家族の事から、もちろん経営、政治など、万般にわたっての話。とても語るにしても語りつくせるものではない。私の家族にも言っていないことは山のようにある。

時たま差し障りのない話を思い出し、講演などで話し、あるいは書き綴ると、PHP研究所の研究部員でもそれは聞いたことがない、それは資料にないなどと言う。

当然である。あなたは松下幸之助と私の傍にいたのか、二人の話を聞いていたのかと心中苦笑するが、それも致し方のないことと諦観せざるを得ない。

本書は、先述の通り、そのような状況で、松下幸之助が繰り返し、私に話をしてくれた言葉を紡ぎながら、読者の皆さんに**「いま、なぜ、松下幸之助か」「このようなときだからこそ、松下幸之助の考え、思考、経営哲学を再考することが大事ではないか」**と考えるきっかけになるかもしれないと思い、いわゆる「接続詞」でつなぎながら分かりやすく、経営観、経営哲学をまとめることにした。

多くの読者の皆さんが、「いまだからこそ、松下幸之助を学んでみよう」、また「こんな時代だからこそ、松下幸之助なんだ」と読み取っていただければ、幸いこれに過ぎるものはない。

東京・平河町にて

こんな時代だからこそ学びたい 松下幸之助の神言葉50 もくじ

正午

午後三時

午後五時

午前十時

冷静な判断、そして、情を添える

きみなあ、この庭、ずいぶんときれいやなあ。

この縁側から見回しても向こう側に東山が見えるし、それを背景にこの庭があるから、庭が広く見えるわな。

ここを二十年ほど前に買ったときには、あの左側の杉木立ちのところな、あそこには小さなお茶室があって、そのまわりに灌木《かんぼく》が生えておった。しかしそれよりも白砂を撒《ま》いたほうがええのやないかと考えて、お茶室を壊して灌木を払い白砂を入れたんやけど、なかなかええなあ。隅に根源《こんげん》さんの社《やしろ》を置いたからな。いわばその神苑《しんえん》のような感じになっておるわね。

お茶室は新しく奥に小さいのを建て直したけど、あのお茶室も侘《わ》び寂《さ》びが出てきてよくなったな。庭師さんがいま入って手を入れてくれているけど、**庭の手入れというのはコツコツ毎日やっておらんといかん。**

あ、あそこの枝。きみ、分かるか。一番右のズッと伸びておる枝があるやろ、あれを少し切ってもらおうと思うけど、あそこにいる植木屋さんに言ってくれんか。そうそう、もう少し切ってくれるか。うん、それでいい。よくなったな。そう思わんか。

ひとつの枝を切るということは、かわいそうだとも言えるけどな。しかし全体のためには、そういうことも考えんといかんときもあるな。

会社でも全体としてどうしても人を切らんといかん場合も出てくる。そういうときには気の毒やけど切らんといかんわけや。それをやらんと組織全体がどうにもならなくなってしまうことがある。泣いて馬謖《ばしょく》を切る、という言葉があるけど、実際にそういうことが言えるな。

けどな、そういうときにもその人に対してどれほどの感謝の気持ちというか、情というか、そういうものがあるかどうかということや。

そういうものがないといかん。そういう気持ちがないと、切ったことが全体のためにもならないし、その人のためにもならん。結局は自分も恨みを買うだけということになる。

いま、植木屋さんに枝を一本切ってもらったけど、やっぱりその枝に、ああ、いままでありがとう、という感謝の気持ちを心の中で言わんといかん、そうわしは思っている。

経営を進めて行くときに大事なのは、事に当たってまず冷静に判断すること、それから情を添えることやな。この順番をちゃんとわきまえておかんと失敗するんや。

冷静に考えずに情で判断してやっても、うまくいかん。事の決定がいいかげんになるからな。けど冷静に判断して行動をして、ただそれだけだと、冷たくなっていかんね。やるべきはやる。

しかしそれだけではなく**そのあと、心を添えてあげる、気配りをしてあげる。そういうことが大事だということや。**

経営者としての大事な条件のひとつや。

うん、そうや。冷静にということは、素直になって考えるということやな。こだわらず、とらわれず、何が正しいのか、どうすることが正しいのか、そういうことをまず考えることやな。

夢を求めて生きる

この庭は金ではとうてい買えんね。いま作るといってても第一、この庭が作られてからもう九十年ほどたっておるんや。時間は買えんからな。いま作ってもすぐにはこういう景色の庭にはならんもんな。

そこの松は、なかなか立派な松やな。どれほど昔の松なんやろ。百五十年以上はたっとるかもしれん。まるで能舞台に書いてある松の絵のようやなあ。あんなになるまで相当な時代が必要やね。しかし見とると松の芽摘みは細かくてたいへんやな。あれ、いちいち手で松の葉を取っていくんやな、細かい仕事やから根気がいるなあ。

ところで、あそこにもみじの木があるやろ。池の向こう側の、うん、右の奥や。あの木の下に小さい木があるな。あの小さい木をどこか別のところに移してもらおうか。

どうも足もとがすっきりせんな、あの小さい木があると。

この庭は大きい木の足もとに、あんまりいろいろ植えないようにしておる。**足もとがすっきりしておらんといかんね、なんでもそうやけど。**

まあ、お茶でも飲もうか。いつも忙しくて、こうしてゆっくり庭を眺めることはあんまりないけど、たまにはこうやって庭を眺めるのもいいな。

わしはな、いま八十六歳やけど、百六十歳まで生きようと思っとるんや。実際に生きられるかどうか分からんけど、まあ、夢やな。夢ではあるが、それを持ってこれから生きていこうと。

八十歳のときやったかなあ。誕生日のお祝いを貰《もら》ったんやけどな、それに半寿と書いてあるんや。八十で半分なら、きみ、全寿といえば百六十歳になるやないか。それで百六十まで生きようと。生きられたらいいという夢ではあるけれど、きっと生きようといま心の中で誓っておるんや。

だいたい人間はひとつの夢を持って、求めて生きていくことが大事だと思うな。

明確な方針を打ち出す

わしはいままで長い間経営というものに携わってきたけど、方針というものをいつも明確にしてきたな。

こういう考え方で経営をやるんだ、こういう具体的な目標を持って経営を進めるんだ、こういう夢を持っていこうやないか、と常に従業員の人たちに話し続けてきたんや。

どうしてこういうように方針を出してきたかというと、人は誰でもそうやけど、自分が一所懸命努力して、これならいい結果を出したと思って、それで上の人に報告したら、そんな結果は期待しておらんかった、そう言われるぐらい辛《つら》いものはないわなあ。ましてや叱られ文句を言われたらもう泣きたくなるわな。

それはどちらがアカンかというと、上の人やな。上司というか責任者やな、その人がはっきりと方針を出しておらんから、そういうことになるんやな。

方針によって従業員は自分の努力の方向を知るんや。こういう考え方でやらんといかんのやな、こういう目標に取り組まんといかんな、とか分かるわな。それだけではなく、夢というか理想というかそれがはっきりしておれば、自分の努力が結局どこにつながるのかよく分かるわけやな。

そうすれば従業員は一所懸命努力して、大抵は期待通りの結果を出してくれる。そういうもんや。**基本理念や具体的目標、それに理想（最終目標）という三つの内容を持った、そういう方針というものを出さん指導者は失格だということになるわな。**

それにそういう方針を明確にしておくと、経営者自身も自分の判断や行動の物差しができるから、力強い動きができる。経営をしておると、いつもいつも迷うことが多いわね。右にしたらいいのか、左にしたらいいのか、分からんと。はっきりと見分けられるものならいいけど、そういうものは案外少ない。どうしようかと迷う。

そんなときにこの方針に照らして、右に進んだらいいのか、左に進んだらいいのか考える。そうすると、大抵はどうしたらいいのか分かるわけや。

その方針がしっかりとしていると、そして経営者がいつも必ずその方針を守ると、経営者の行動に非常に力強いものが出てくる。そういう経営者は従業員からも、なかなかしっかりした、一本筋の通った人やなあということで、尊敬もされるわな。

頼りになる人や、こんな人に経営を任せておけば大丈夫だと、そういうことになる。

給料も間違いなく貰えるなということになるやろ。

お客さんも取引先も、そういう方針があればその会社がどんな考え方か、どういうところを目指しているか分かるからな。

ああいう考え方ならば、その会社の製品を買ってあげよう、それならばその会社と一緒に仕事をしてもいいということにもなるな。方針が明確にあるということは、いわば会社の信頼にもなる。

命を懸けて方針を決める

方針の決め方か。それはな、まず**経営者が自分で考えて考えて考え抜いて、自身で心の底から、うん、そうだ、これだ、と思うものでないといかんね。**

たとえそれが素朴な言葉であっても、悟るというか、ハッとするものね、そういうものを方針として決めんといかん。

それをただ何か本を読んでいい言葉を見つけたり、他人の話を聞くだけで方針を決める、というようなことではあかんわけや。

そしてそれだけではなく、さらに誰が考えてもそうだと納得できるようなものでないとだめやね。経営者だけでなく、従業員も株主もお客様もみんながそういう方針ならば賛成できます、納得できますというような方針。そういうものでないといかん。

経営者が一人だけ喜んでおるような方針ではあかんわな。

けどなあ、実はそれだけでもいかんのや。広く世間様がどう思うか。**世の中の多くのみなさんが、お客様やお得意様だけではなく世の中の方々みんなが、それはいいと賛成してくれるものでないといかんわな。**

さらには天地自然の理にかなっているかどうか、ということも考えんといかん。宇宙全体には生成発展するという理法がある。そういう生成発展するような内容で方針が作られておるのかどうかいうこと。

まあ、そういうことやから、方針を決めるということは経営者にとってすれば、並大抵のことではない。全身全霊、命を懸けてするもんや。基本理念もな、具体的目標もな、夢というか理想というものも、経営者自身の、いわば悟りなんや。

わしも会社の基本理念を決める前は悩み続けてたわけや。**商売しながら、昔は一般**

通念として商売するということが、なんか後ろめたいような感じがあってな、それはどうしてやろうかと悩んだ。なんで商売に後ろめたさがあるのか。

それにわしの店の近所に同じ仕事の店を出す人がいて、それでおのずと競争になる。ところが競争になれば大抵わしのほうがうまくいくんや。

それはいいのやけれど、その店がそのたびに、だんだん不景気になって、ついには潰《つぶ》れてしまった。お互いに競争だから仕方がないと言えば言えるけれど、さあわしは困った。こちらがよくなれば向こうは悪くなる。

そう考えると自分はこういうことをしておってもいいのかどうか。商売というようなことをやっていいのかどうか、悩むわな。

だから、おのずとわし自身の仕事に取り組むのも力弱くなってな。そこでなぜ自分は物を作って商売しているのだろうか。果たしてこれでいいのかと考え込んでな。

けどいくら考えても結論は出んわけやな。

考え抜いて、使命感を持つ

そういうふうに悩んでおったときに、ある人の誘いである宗教団体の本部に行ったんや。

そしたら、きみ、偉いもんやな、**その境内には塵《ちり》ひとつ落ちていない。**そればかりではない、信者の人たちが大勢全国からやってきてみんな熱心に掃除をしたり、雑巾《ぞうきん》をかけたりしておって、それがみんな奉仕や。まあいわばただ働きやな。

しかもみんなキビキビ動いている。びっくりしながら案内されるままにあちこち見せてもらったんやけど、なんと製材所まである。そこでも忙しそうに機械が動き、人々が働いている。

そんなに木材を削ってどうするんですかと聞いたら、案内してくれた人が笑いながら、建てなければならない建物がまだまだ無数にあるのです、と言う。

こういう光景を見て、わしはきのうまで悩み続けていたこととあわせ考えて、なんという違いだろうと思った。どうしてなのか、どうして宗教はかくも力強く盛んな様相を呈しているのか。

人間には心の教えが大切だから、それを大事にするというのは分かるけれど、ひるがえって物も大事だと言えるんやないやろか。

にもかかわらず、こっちのほうは倒産したり、金儲けやというて軽蔑《けいべつ》されたりする。しかもあっちのほうはひとつの教えにハッキリした値段もつけておらん。自由に納めなさい、まあ、そういうことやな。ところがこっちはちゃんと値段をつけている。こっちのほうがもっと大きくなってもいいのにそうではない。なんでやろうかと帰りの電車の中でいろいろ考えた末、ハッと気がついたんや。

それは商売に使命感がないからや。宗教には人間を救うという大きな使命感がある。

それや、それなんやと思った。

それでは商売するものの使命は何か。貧をなくすことや。この世から貧をなくすことがわしらの使命なんや。そこで悟ったんやな、わしなりに。そしてこれがわしの経営を進める基本の考え方になった。

そういうことがあって、わしは自分の事業を一段と力強く進めることができるようになったんや。

まあ、いろいろ悩み考え抜いて、ようやく基本の考え方を作り出したんやな。難しいわね、方針を作るということは。なかなか出てこんわ。けど具体的な目標を立てるときも理想を明示するときも、同じように考え抜かんとね。そりゃあ、きみ、それによって大勢の従業員諸君の命運がかかっておるんや。

だから経営者が、いわば命懸けで考えんと。確かに難しいけどな。けど方針を決めんと経営はどうにも力強くやっていけんわけや。

聞く心を持つ

もう一杯、お茶をもらおうか。

あの池の水な、疏水《そすい》から流れ込んできておるけど、絶えることなく注ぎ込んできて、気持ちがええなあ。ここを訪ねてくるお客さんたちは、この水が琵琶湖から流れてきているとは思いもよらんやろうな。

明治の十六年（一八八三年）ころだったかな、この琵琶湖の疏水を作りはじめたんは。それから五年間かかって、全部の長さは九キロぐらいはあるそうやな。若い技師が作ったんやな。二十三歳ぐらいか。偉いもんやなあ。

明治維新のときの志士たちも、大抵が若い人たちばかりやろ。きみも若いから、えっ？　まあ、構わへん。若いということにしておこ。

世の中変えるようなことも、その気になればできるよ。それにしても水というのは、なんかやわらかい感じがして実にええなあ。

この池の水はな、いまは結構使用料が高くなってるけど、きみも覚えていると思うが、以前は相当に安かったんや。

それでな、十数年前、関係会社の若い責任者が来たときに、あの池のところでわしがその人に「あんた、この水はきれいやろ。それにどんどん流れ込んでくるけど、この使用料は安いんや」と言ったことがあるそうや。わしは覚えておらんけど。

そしたらその人がわしのその話を聞いて「ああ、そうか。**いい物を、安く、たくさん生産するように**、ということを自分に言って聞かせてくれているんだ」と、そう思ったそうや。

そのとき、わしは果たしてそういうことを考えて言ったかどうか、まったく覚えておらんが、わしのその話を聞いて、そう理解したそうや。けど、そう考えたとするならば、その人は偉い人やと思うな。

わしはなにげなくそう言ったのかもしれん、意味もなくそう言ったのかもしれんが、それをそういうふうにとらえた。なかなか偉い人や。


話をするよりも、話を聞くほうが難しい。いくらいい話をしても、聞く心がなければ、何も得ることはできんが、聞く心があれば、たとえつまらん話を聞いても、たとえば、向こうにあの杉木立ちがあるやろ、あの杉木立ちを鳴らす風の音を聞いても、悟ることができる人は悟ることができる。そんなもんやで。

早い話がニュートンな。ニュートンという人は、リンゴの実が枝から落ちるのを見て、それで万有引力を発見しとるがな。

リンゴが落ちる。ごく当たり前の、まあつまらんことやわな。けど彼はそれで宇宙の真理を発見しとる。ボーッとしとったら発見できんわな。見る心、自然に耳を傾ける心があったからや。

その若い責任者がわしのなにげないその話を、そういうように理解したということはその人の、いわば力量の問題でもあるわけや。

お釈迦さんやキリストさんの場合でも同じことが言えるわな。お釈迦さんの言われたことをその言葉だけでそのまま理解しとったら、あかんやろ。

地獄があります、極楽がありますと言うて、そんな古くさい、そんなことないわ、あほなこと言ってるわと考えるようではあかんわけや。お釈迦さんの言われたというその地獄極楽という考えをその時々にどう解釈するか、できるかということやね。

キリストさんの言葉でも同じことや。その言われた言葉をどう理解し、その時代その状況に応じてどう解釈していくか。

言葉の奥にある真理というか、お釈迦さんやキリストさんの言わんとするところをどうとらえ表現していくか。ここが大事なところやな。

仏教がなぜ栄えたか。キリスト教がなぜ盛んなのか、ということを考えれば、それはお釈迦さんやキリストさんの言われたことを弟子の人たちがその時代時代に合わせて、その言葉の奥にある真理を上手に解釈し表現していったからや。

お釈迦さんやキリストさんも偉いが、そういう解釈や理解ができた弟子の人たちも偉いわな。それが弟子の人たちの力量というものやね。

力量がないと、これができん。

水道哲学を堅持する

向こうの、あの高い杉と杉の間から、南禅寺《なんぜんじ》の山門が見えるのがええな。秋になると落ち葉を焚《た》く煙が一筋、すっと空に昇る景色はまさに一幅《いっぷく》の絵やね。

いまでもね、きみ、あそこに山門の屋根が見えなかったら、この庭の景色もこれほどよくはならんかもしれん。まあ、本来ならば、南禅寺さんに使用料を払わんといかんところや。

あの屋根に上がって石川五右衛門《いしかわごえもん》という大泥棒が京の町を眺めながら、絶景かな、絶景かなと言ったと言われているけど実際は違うらしいな。

けどまあ、それほど有名な山門や。タダで使わせてもらっとることになるけど、ええやろ。

さっき言った生産者の使命ということな、**いわば水道の水のように、いい物を安くたくさん作るということは、いつの時代でも大事なことやで。**

このごろ日本は物が豊かになったから、そういうことはもう考えないでいいのではないか、ということを言う人も出てくるかもしれんが、もしそういうふうに考える人が出てくるとすれば、その人はその生産者の使命について、よう考えておらん人やな。

きみ、いい物というのは、品質や性能がいいということだけではないんやで。材料は本当にいいものなのか、自然や人間の生存を脅《おびや》かす、そういう材料ではいい物とは言えんわけや。

自然を壊すような、あるいは地球の環境を破壊するようなものを、もし使っているとするならば、いくら品質がいい、性能がいいといってもそれはわしが言う、いい物とは違うわけや。**ひとつの製品が十分に役目を果たして捨てられるときまで、人間や自然に迷惑をかけない、そういう物がいい製品と考えなければいかん。**そこまで考えていい物ととらえているのか。

それに、生産者がいい物を作っていると満足してしまったら、おしまいやね。いい物を作っていると思い込んだら、もう技術の進歩はなくなるわけや。

まだまだいい製品を作らんといかん、人間に本当に役に立つ製品、人間の幸せに貢献する製品を懸命に求めて作ろうと努力する。そこに生産者の役目があるんや。それは無限の努力が求められると考えていい。


安いということも、これもまだまだ追求せんといかんと思うな。本当に安いのか、なお工夫の余地はないのか。生産者が繁栄しながら、なおもっと安くならんのか。

一転、目を世界に転ずれば、先進国と言われておるところは、ほんの一握りのところだけや。八割、九割の人たちがいまだなおの生活をしとるやないか。

そういう人たちからすれば、まだまだ製品の値段は相当に高いわけや。買いたいけれど、とても高くて買えんというのが実際の姿ではないやろか。そういう人たちのことを考えれば、とてもいまの程度で安いとは言っておれんがな。

わが国の状態だけを見て、もう十分に安いと考えたとすれば、それは豊かな国の傲《ごう》慢《まん》と言えるわね。


また、たくさん作らんといかんということも、きみ、そやろ。いま物がない、物が不足して困っている国がいっぱいあるやないか。物がたくさんあるというのは、まあ日本ぐらいやないかなあ。

わが国だけ見てものを考える時代ではない。世界全体、人類全体のことを考えんといかん時代になってきとるんや。**いい物を安くたくさん作るのが生産者の使命だという考えは、これからますます必要になってくるよ。**

しかし、きみ、これもまあ、こういうように考えることができるかどうか、わしのあとの人たちのいわば力量の問題やな。けど、多くの経営者の人たちや将来経営者を志そうとする若い人たちが、きっとわしのこの考え方をこういうふうに考え理解して、生産者の使命を全うしてくれると思う。

以前、この庭で、きみと勉強したことがあったな。もう七、八年前か、もうそうなるか。早いな、時間が過ぎるのが。

あそこの藤棚の下で、床几《しょうぎ》出して赤い毛氈《もうせん》敷いて、その上に坐ってやったことがあったなあ。二日ほどやったかな。あれはあんまりようなかったな。蝉の声が喧《かまびす》しくて、話しにくかった。きみもわしの声が聞き取りにくかったやろ。

それに蚊が飛んできて、あれもあかんかったな。蚊取線香を焚いてもらいながらやったけど、どうも具合悪かった。

うん、そのころ庭をよう歩いたな。えっ？　あのかえでの枝に大きなへびが巻きついておって、わしら、その下を通ったことがある？　それは知らんかったな。そうか、そういうことがあったのか。そりゃ、お互い、運がええで。

昔な、わしが二つか、三つのときに和歌山の家にな、大きな蔵があったそうや。いや、むろんわしは覚えておらんが、会社がほどほど大きくなったころ、昔あなたの家でお手伝いをしておったものですが、と言って訪ねて来た人がいてな。

そのおばさんが言うには、その蔵には主《ぬし》と言われていたへびが一匹住み着いておったそうやが、ある日、わしの兄さんや姉さんたちが集まって、まあ子供だから遊び半分ということもあって、そのへびを石かなんかで殺してしまったというんや。

あなたは小さかったからそれに加わらなかった。遠いところから眺めておっただけやったということや。

それでな、その人が言うには、あなたの兄弟が早死にしたのはそれが原因です。あなたが成功したのはそれに加わらなかったからです。と、そういうことを言いに来たことがあったな。

まあ、そうかどうか知らんが、ああ、そういうこともあったんかと思ったことがあったな。

白いへびはわしも見たことがあるよ。商売をはじめたてのころやったな、阪神百貨店があるやろ。あのわきを歩いておったら、わしの前で白いへびが道を横切ってな、いや、そんなに大きくはなかった。

西宮に家を建てているときも、わしは見ておらんが、大工さんたちがへびが出たと言うて、大騒ぎになって、わしも見に行ったんやけど、そのときにはどこかへ行ってしもうておらなんだけど。それから一度も出てこんかったな。そういうこともあった。

まあ、だからどうということでもないけど、へびはいじめんほうがええようやな。へびの下を通ったということは縁起がよかった、とそう考えよう。わしも百六十歳までいけるかもしれん。

個性を発揮させる

それにしてもこの庭にはいろいろな木があるなあ。杉もあるし、かえでもあるし、松もあるし、ようけあるな。

あとはどういう名前かわからんけどな。あそこの松の向こうに見える、わりと大きな木があるやろ。あれはなんという木かなあ。苔《こけ》がきれいやな。

この苔はなかなか手入れが難しいんやで。いまも植木屋さんがああやって水を撒《ま》いてくれておるけど、いつも水をやっておらんとな。湿気が大事なんやな。京都はちょうど湿気があるから苔が育つわけや。夏の京都は蒸し暑いといわれるんやけどね。東京ではなかなか育たんらしい。カラッとしているところがあるんやろうな。

この苔の種類も、たくさんあるそうやな。この庭だけでも、十数種類くらいはあるか。そんなにあるか。

こういうようにこの狭い庭を見ただけでもいろいろなものが存在していることがわかるわね。けど、だから面白いと言えるんや。これがね、みんな一種類だけであとはなんにもないということであれば、この庭もつまらんわな。

この庭だけではない、この世の中なんでもそうやな。たとえば花でも薔薇《ばら》なら薔薇だけしかない、この世に薔薇という花しかないということになれば面白くないわね。薔薇もあれば桜もある、百合もあれば菊もあるというように、たくさんある花がそれぞれに特徴をもって、それぞれに精いっぱい存在しておるというところがいいわけや。

人間でも同じことが言えると思う。みんな同じ顔形をしていて同じことしかせんかったら、これは相当気味悪いわな。けどそうではない。**いろいろな人がいて、いろいろなことを考えて、いろいろなことをして、だからいいわけやな。**

個性とか、その人の持って生まれた特質とか、誰一人同じ人はおらんわな。それが、いわば自然の姿というものやな。百花繚乱《ひやつかりようらん》という言葉があるやろ。会社でもそうやな。従業員にいろいろな人がいないとあかんわけや。同じ人ばかりでは全体として面白くない。それに会社としても強くなれん。

経営をしておると、さまざまな問題が出てくるんや。そのさまざまな問題に対応するのに、一種類だけの人では対応できんがな。**いろいろな人がおると、まあ、この問題はあんたやってくれ、この問題はきみならできるからやってくれと、そういうことができるわな。それで会社は強くなるんや。**

昔話で「桃太郎」というのがあるやろ。さるときじと犬か。みんな違うわね。違うから、それぞれの役割が生まれ、違うからよかった。鬼退治ができたわけやね。だからな、会社にはいろんな人がおらんとな。まあ、個性を持ったというか、特徴を持ったというか、そういう人の集まりにすることが大事といえるね。個性豊かな社員たちをどう活用していくか、これが経営者の腕の見せどころというわけや。

個性豊かな社員をよけい持ったら、組織がばらばらになるのではないか、と考える人がおるかもしれんが、そんなことはない。逆やな。むしろ個性的な人が多いほうがまとまりやすいわ。

きみ、そこの壁に絵が掛かっておるやろ。たとえば絵というものはこの世にはありません、壁しかありません。ということになれば、壁の上に壁を掛けても、なんも意味ないわな。壁とまったく違う絵というものだから、うまく調和がとれておるわけや。まとまっとるわけや。

障子でもそうやろ。敷居《しきい》と鴨居《かもい》という、障子と違ったものがあるから障子は障子として個性を発揮できるし、敷居も鴨居もそれぞれに個性を発揮して存在できる。そういうことやから、**個性的な人を集めることは結局、会社を強くすることになる。**きみ、分かるか。

そこで、そんなに個性的な人を集め、それぞれに存分に働いてもらうことが大事ならば、さっきわしが言った方針というようなものは、いらんのと違うかと。そういうことを言う人もおるかもしれんな。

方針があったら、個性を発揮できません、特徴を出すことができません、と言うかもしれん。しかし実際には決してそんなことはないわけや。

だいたい、会社というのは、ひとつの目的を持って組織されておるんやから、当然ながら、その方向に進んで行くための枠組みというものがあるんや。だから個性を発揮するといっても、その方向で発揮するということになるわね。

けど**個性というものは、もともとひとつの、まあ、いわば拘束というものがないと発揮できんのや。**非常に矛盾したことを言うようやけど、個性は拘束なくしてありえない。そういうことや。

さっき障子と敷居、鴨居の話をしたやろ。その障子が障子でありうるのは、敷居と鴨居という拘束があるからや。障子が自由に開け閉めできるのは上と下で挟まれておるからや。個性というのも同じことや。

大工さんの道具箱でもそうやね。大工道具というひとつの方向があって、それで道具はさまざまだと。カンナもあればトンカチもある。ノコギリもあればノミもあるというようにね。それぞれに個性を主張しとるわね。

また、女の人の首飾り、考えても分かるわな。その、ひとつひとつの玉は独立して個性を発揮しとるけれど、それならばそれだけで首飾りになるかと言えば、ばらばらで、首飾りとは言えんわな。

その、個々の玉を一本の糸が通っておるから、それではじめて首飾りになるんやろ。その糸が、会社でいえば経営方針であり、基本理念であり、ということになるんや。

会社に経営理念があって、それが金太郎飴のようにビシッと一本、従業員の中に通っておらんといかんのやな。

基本のところで筋が通っていながら、いや、だからこそ個性を発揮できる余地が生まれてくる。

ひとつの物差しだけで考えない

きみ、ええか。**物事は、右か左か、どちらかひとつで考えたらあかんで。**

なんでもそうやけど、大概相矛盾する考え方があって、普通はそのいずれかひとつの考え方で判断しようとする。けど、それは基本的にはようないことや。

たとえば、社会というものを考えても、全体が何よりも大事とする考え方と、いや、そうではない、やはり個人が大事だという考え方と、二つあるとするわな。

確かにそれぞれに、言い分はわかるけど、わしから言えば、その両方がともに大事だとする考え方でないといかんと思うな。そやないやろか。

全体のために個人が犠牲になるというのは、これはなんのための全体か、ということとやね。個人が犠牲になるようであれば、そんな全体は作らんほうがええわな。

けど、全体はどうでもいい、個人さえ大事にされれば、それでいいんだとすると、その個人はいったいどこに立っておるんかということになる。

その社会におって、その上に立っておるんやから、それで自分が立っておる、いわば踏み台はどうでもいい、それが壊れても構わんというようなことは、愚かな考えといえるわな。

そやから、この場合、**全体も大事、個人も大事というように考えて、その両方がともに具合いいようになる道を考え工夫せんとあかんわけや。**

滅私奉公という言葉があるやろ。あの言葉はあまりええ言葉ではないな。

以前、人に頼まれてその言葉を書いたことがあるけどな、ほんまはわしの好きな言葉ではない。実際のところ、自分を犠牲にして全体のために奉公するということは、どちらかと言えば簡単なことやで。

またそんな考え方をするのは、本当は貧困と思うね。**自分も生き、全体も生きる。個人も繁栄するけど、社会も繁栄すると。そうするためにはどうしたらいいか、それを考えるのが知恵ある人間の努力というものやないか。**こっちのほうがはるかに難しいといえるわな。けどそう考えんといかん。

まあ、人間は一つだけの物差しを使って考えたほうが容易であるから、どうしてもそうなるわな。二本の、あるいは三本の、ということになれば、複雑になるから、なるべく一本の物差しで明快に考えようとする。

しかしわしの経験からして、物事そんな簡単なものではないよ。だから大抵の場合、やり方を間違える。基本方針と個性というものは見方によれば相反する考え方といえるが、そのいずれも否定すべきもんじゃないわな。その両方を生かし活用するところに、会社というか組織が発展する秘訣があるんや。

人間は面白いな。たとえば船に乗っておって、右側ばかりに大勢の人が乗っておる。船が大きく傾いて、これでは間もなく沈没してしまう。

船長が、みなさん、右側ばかりに乗っておるといまに沈没してしまいますから、左側にも乗ってください、というと、今度はみんな左側に行ってしまう。

そして左側に船が傾いて、またまた沈没の危機に瀕《ひん》するようなことをする。世の中はこの動きの繰り返しのように、わしには思えてならん。

人間は本来そんな愚かな存在ではないから、やがてだんだんと賢くなっていくやろうけど、**賢くなるのが間に合わんということにならんように、個々それぞれが考えんといかんわな。**

部下の話に耳を傾ける

一杯お薄《うす》でも飲もうか。係の人に頼んでくれるか。

植木屋さんたちはみんなよう働いておるね。こういう植木屋さんも親方からいろいろやり方を教えてもらったり、勉強したりするんやね。

しかし、**こういう仕事は本で習うより実際にこういうところで、仕事をしながら勉強することが一番いいんやろうね。理屈ではない面が多いな。**

昔、わしも船場《せんば》の自転車屋さんで商売の勉強をしたわけやけど、本などなかったな。仕事しながら、番頭さんや、先輩の人に、時として頭こづかれ、叱られながらやってきた。

特別に辛《つら》いという覚えはないけれど、そのときはどういう気持ちであったのかいまでは、自身でも分からんね。けど、そうしながら商売というものが身についたんや。あ、お薄、ありがとう。こういう景色を眺めながら、お薄を飲むのは贅沢《ぜいたく》につきるな。

あの池は最初、いまよりもひとまわり小さかったんやけど、少し大きくしたんや。このさつきの下を水が流れていて、芝生のところに苔が植えてあって、ちょうど島のようになっておった。その流れを埋めてな、また苔を芝生に変えたんやけど、以前よりようなっておると思うな。

まあ、この庭を譲り受けてから、いろいろわしなりの考え方で新たに手を加えたけれど、しかしこの庭の持っておる本質的なところは変えておらん。

明治時代に作られた京都の庭の特徴は、ひとつは借景《しゃっけい》ということらしいな。つまり、京都のまわりにある山を上手に自分の庭の景色の背景に取り入れる。山の景色を借りるわけやな。

二つ目は池のまわりを回ることができる。池泉回遊式というのか。それから三つ目は自然様式というか、ごく自然の風情で作り上げている。そういうことを誰かが言っておった。確かめておらんから、本当にそうかどうか、わしは知らんで。

けど、もしそうであるとすれば、そこをわしは、いじっておらんわけやな。変えたらあかんところは、変えておらん。本質は留めてあるから、だから明治の文化財に指定されたんやな。

変えたらあかんものは変えん。変えるべきものは変える。その見極めが経営においても大切なことやな。その見極めが経営者の英知というもんや。まあ、この庭は心が安らぐな。


ところで、きみ、人の話、特に部下の話に耳を傾けるということは大切やで。部下の話を聞くと、えらい得するよ。

わしはな、学校は小学校四年で中退や。三年半、しかし実際には二年のとき一年間、休んでおるから、二年半しか行ってへんのや。学校へ行っておらんから、いろいろなことは、人に教えてもらわんといかんかった。

それで自然に部下の話に耳を傾け、また進んで尋ね聞くようになったんやろうけど、話を聞くというのは、経営者としてこんな得な、ええやり方はないわな、早い話。けど、一般的に経営者の人たちは、分かっておるのやろうけど、本当にやってる人は少ないね。経営者として偉く見えるようにしておかねばならんと。

まあ、そういうことを考えておるわけでもないやろけど、部下の人より賢いところを示さんといかんというような、そんな態度をとる人が、どちらかといえば多いな。けど、本当はそういう態度をとったら、損なんや。

経営者にとって一番大切なことは、威張ることではなく、会社を発展させる道を見付け出すことやな。

わしはできるだけ部下の話に耳を傾けるということを心がけてやってきた。どうして得かと言うとやな、きみ、いろいろな考えというか、知恵というか、いまの言葉でいえば、情報やな、情報を集めることができるわな。

特に今日のように情報を集めながら、仕事をせんならん時代は部下や多くの人から話を聞くということはきわめて大切なことといえるわな。

人の知恵は借りない、人の話は聞かないで、自分でなんでも考えて結論出して、それで成功すると。まあ、そんな人は、普通はおらんね、正直なところ。人間一人の知恵には限度があるわな。そんな限度ある知恵で無数の課題をもつ経営をしようとしたら、うまくいかんのや、わしの経験から。

部下の話を聞くということは、ごく自然にたくさんの知恵を集めることができる。自分以上の、たくさんの知恵を集めることができる。なあ、便利やろ。

部下の話を聞くときに、心がけんといかんことは、部下の話の内容を評価して、いいとか悪いとか言うたらあかんということやな。部下が責任者と話をする、提案を持ってくる、その誠意と努力と勇気をほめんといかん。

まあ、部下からすれば、緊張の瞬間ということになるわね。ところが見ておると、大抵が部下の持ってくる話とか知恵の内容を吟味してそれで、きみの話はつまらんとか、そういうことは以前やってむだであったとか、そんなことは誰でも考えられるとか、時にはもうそんな話なら分かっておるから、聞かなくていいとか、そういうことで部下の話を聞かない。そういうことを責任者がやるとすれば、責任者として失格や。

だいたいが責任者より部下のほうがいい提案をいつもいつもするようならば、その責任者と部下と、立場を替えんといかんということになるわね。部下のほうが優秀だということにもなるからな。

そうではない。部下の話は、何回かに一回ぐらい、うん、ええ提案だと、ええ知恵やな、ということになればそれで十分なわけや。

それよりも何よりも**部下が責任者のところへ話をしにくる、提案をしてくる、その行動をほめんといかんのや。**

あんた、ようわしのところへ来てくれた、なかなか熱心な人や、と言うて、まずそれをほめんといかんわけや。その部下が持ってきた話とか提案の内容は二の次でいい、早く言えばな。

そうすると部下は、それからなお勉強して、どんどん責任者のところへ話とか情報とか提案とか、そういう知恵を持ってきてくれるようになるんや。なんでもいいから部下に知恵を持ってこさせる、話を持ってこさせる、それが大事やね。


そやな、部下は話や提案の内容を、極端にいえば吟味する必要はない。さっきも言ったように内容の吟味は責任者が心の中で、頭の中でやればよろしい。

まあ、そう言っても部下は部下なりに一所懸命考え、研究して提案したり、話をしたりするもんやから、そうアホなものはないよ。

経営者は、たくさんの話や知恵の中から、あるいは知恵を組み合わせ、自分で考えて考えて考え抜いて、ひとつの決断をしていく。そうすれば大概は間違いなく経営を進めていくことができる。

わしは、よくテレビでまげもん（時代劇）を見るけどな、銭形平次な、子分はなんやったかな、ガラッ八か。あれがいつも「親分、たいへんだ、たいへんだ」と言って、親分のところへ駆け込んでくるわな。あれが大事なんや。

そういうときに親分が、おまえの持ってくる情報はつまらんとか、あかんとか言ったら、ガラッ八はこなくなるわな。もうああいう親分のところには行きたくない。そう思うのが人情やで。

しかし、そういうふうに思わせたらおしまいや。ところがそうではない。いつもいつも、親分がなんだ、なんだと熱心に聞いてやるから、ガラッ八はいつでも喜んでとんでくる。**つまらん話や情報でも、何はともあれ持っていこう、まずとにかく親分に知らせよう、連絡しよう、報告しようということになる。**

持っていけば、きっと親分は熱心に聞いてくれる。ガラッ八はそう考える。そしてその情報の内容がいいとか、つまらんとかは、親分が心の中で判断する。よし、これはいい話だ。これはいい情報だ。うん、これはそうでもないな。そういう判断を親分は心の中でしとるわけやな。銭形平次は、立派な責任者ということになるな。

部下の話を聞いておると、また部下の人たちが成長もするね。常に上の人からものを尋ねられる、あるいは聞いてもらえるということになれば、部下のほうでも、聞かれたとき、あるいは報告や提案するとき、多少は、ましな話をしようと思う。きみかて、そやろ。そう思えば聞かれる前に、報告する前に勉強しようか、調べておこうかということになる。

部下に勉強せよと言うのも大事なことではあるけれど、もっと肝心なのは部下自身が自分から勉強しようと、そういうふうにさせることやな。

そのためには、部下にものを尋ねること、話を聞くこと、部下に進んで提案をさせることが一番ええやり方やな。うん、それは根気がいるわね。そういう人の育て方というのは。まあ、指導せずして指導するわけやからね。けど本来そういうやり方が人材の育て方やな。

もともと、人を育てるというのは、時間がかかるもんや。**木を育てるのは十年の計、人を育てるのは百年の計というやないか。**即席とはいかんね。

教育というのは、夏の芝生の雑草取りに似ておるわな。いっぺん雑草を取ったから、もうその芝生はひと夏、雑草は生えてこないということはないな。雑草を取っても取っても二、三日もすればまた生えてくる。それをまた抜いていく。取り除いていく。その繰り返しによって芝生はきれいな状態に維持されるわけや。

教育も同じことや。一回教えたらもうそれで大丈夫だ、もう教育しなくてもいいと考える人がいるとすれば、教育というものが分かっておらんといえるわな。繰り返し繰り返し根気よく行っていく。その繰り返しそのものが教育であり、その根気が人を育てるということになる。

部下の話を聞くということも、その根気がないとだめやな。聞くということによって責任者にはいろいろ得することが多いけど、しかし同時に**責任者は聞きながら、きっとこの部下を育ててやろうという気分を持っておらんといかん。**

まず働くことの大切さを知る

この庭を見ておると、右側の、あの水の落ちるところ、小さな滝のようになっているところな、あそこだけやな、動きのあるところは。ほかは全体どこにも動きがない。いろいろな木があって、池の水面があって、という趣であるけれど、動きはほとんどないな。

全体としての動きのない景色の中で、ただ一点、あそこだけ激しく動いている。これがええと思うな。

まあ、昔、利休さんのお茶室の庭に朝顔がたくさん咲いた。その評判を聞いた太閤《たいこう》さんが、わしも見たいということで、出かけたけれど、どこにもない。利休さんは太閤さんが来る前に庭の朝顔を全部刈り取ってしまった。利休はけしからんやつだと立腹しながら、お茶室に入るとそこの床の間に一輪朝顔が生けてあったそうや。

それがお茶の華というか、侘《わ》び、寂《さ》びというか、そういうもんらしい。わしにはよう分からんけどな。そうだとするならば、あの小さな滝は、朝顔やな。静寂の中に、ひとつの動き。

どや、ええやろ。あれも以前はなかったものや。あれを作るとき、いろいろ工夫してこちらからでも見える。

けどあんまりわざとらしくならん角度でこちらから見ることができる。そのために、庭師さんにずいぶんと無理を頼んで何回も何回もやり直して、あれを作ったんや。なあ、なかなかええやろ。うん。


そうそう、こないだな、きみも知っておる、ある若手の経営者の人が話をしに来たんやけどな。その人がえらい熱心に、日本人は働きすぎる。いままではよかったけれど、これからもあんまり働いておると世界中から批判されるようになるから、これからは、できるだけ遊ぶように心がけるべきだ。あんたもそうせんとあきませんよ、と言うんや。

それで趣味はなんですか、と聞く。趣味といっても、わしにはこれといってないわな。仕方ないから、趣味は仕事ですなあ。

そう答えたんやけど、そしたらその人が人間は人生を楽しむために生まれてきたんやから、そしてそのために仕事をやっておるんだから、仕事ばかりということはいけませんと、そんなことを話して帰っていったわ。

そういう考え方にも一理あるな。人間として生まれて働きづめで、というのは確かに寂しいことだわね。

けど、だからといって、**遊ぶことが大事で、働くことは二の次だということは、これはどんなもんやろうかな。** 働かずして、なお遊べということをその人も言っておるわけではないんやろうけど、まず働くことの大切さをやはり考えておかんといかんな。

働くことが先でないと、きみ、遊ぶこともできんやないか。働いてそして蓄えて、それで遊ぶと。

確かに日本経済は全体からすれば、他国と比較して豊かになった。けどそれは、**戦後、国民の人たちが粒々辛苦《りゅうりゅうしんく》、働いたからであって、そういうことがなかったら、その人が言う、いま遊ぶことが大事だということも言えんわけや。**

ところがいかにも遊んで、知識だけで、努力もせず、汗も流さず、それが今日、求められている方向であるとか、風潮であるとか、まあ、そういう経営者の人でさえ言うのは好ましいことではないな。

いくらでも遊んだり楽しんだりすることが大事だということはええけど、それ以上に働くことの意義とか大切さとか、そういうことを言わんといかんな。

そうしたうえで遊びも大事だというのは必要だと思うが、ただこれからは遊ぶことが大事だとだけいうような、そういう話し方はようないな。そんなことを言っておると、日本が滅びてしまうわ。

心配なのはこういうことを、世の指導者の人たちが言うことによって、若い人たちにどんな影響を与えるかということや。

世の中、これからは遊ばんといかん、余暇を楽しまんといかん、遊び場所を作らんといかんと大騒ぎしとるようだが、**そんな流行に流されて、そう言っておかんと時代の先端を行っておるとは思われんからとか、いまそう言うほうが大勢の人たちから歓迎されるからとか、そういう考え方で、もし経営者たる人が話をしておるとすれば、本当の指導者とはいえんと、わしは思うな。**

そんなことをほんまに自分の会社の人たちに言っておるのかどうか。評論家の先生が言うのはいい。それもひとつの考えやからね。しかしそういうことを言う先生はあまり世の中のためにはならんな。

働くということは、自分のためでもあるけれど、多くの人のためでもあるわね。自分の働きによって世の中の発展に貢献しとるわけや。結果的には社会のことを考えているということになる。遊ぶということは、あるいは趣味ということは、自分だけのことやね。自分中心ということになる。

確かに趣味の仲間ができます、あるいは遊びの友だちができますということもあるけど、あくまでもそれは個人的であるわけや。

この世の中、そういうようにみんなが自分中心になっていくとすれば、いったい誰が全体のことを考えるということになるんやろう。それでなくとも今日でさえそういう風潮があるわな。その傾向がますます強くなるようなことはせんほうがええわ。

全体を考えるのは、それは政治家が考えればいいということになるのかもしれんが、そういうことでは民主主義とは言えんやろ。

遊ぶのが大事だと言うのはええけれどな、それと同時に、いやそれ以上に働くことの大切さを説かんといかんわけや。そのうえで、勤務時間を短くするとか、休みを多くするとか、あるいはその過ごし方を工夫するのはいいけどな、それは働くことの大切さを十分に話したあとや。

心を許して遊ばない

けどな、経営者はいったん経営者になったら、遊ぶようではあかんな。

本来、経営者が心を許して遊ぶというようなことをしてはだめや。**ほかの人が遊んでおっても働いておるとか、たとえ遊んでいても、頭の中では仕事をしておるとか、そういうことでないとな。**

そういうことでは身がもたんという人もあるかもしれんが、たとえそれで命を落としたとしても、それは大将としての本望や。そういうことがかなわんかったら、経営者になるべきではない。

ひとつの会社の中で全部が全部みんなこう考えるべきだということは思わんけれど、少なくとも会社の最高の指導者になった人たちはそういう覚悟というものがいるわな。

それを一般の従業員と同じように遊びに行きます、休みをとります、そんなことを言ったら、どもならんがな。

せめてひとつの組織の最高指導者の人ぐらいは、先憂後楽《せんゆうこうらく》の心がけで、その会社の将来に命懸けるほどの思いがなければ、経営はうまくいかんね。

みんながみんな、上から下まで遊びとか休みとか、そんなことを考えておって、なおかつ経営が成功するなどということは本来有り得ないことや。経営というものはそんな簡単なもんではないわ。

けど、これもひとつの風潮に流されておるわけや。

まあ、個人的に健康のために静かにやっておるというのなら、それはそれでええけどな。仕事の最中に、自分ところの従業員が汗流して一所懸命仕事をしておる、そういうときに心許して遊ぶ、そういう姿では、きみ、発展するものでも発展せんで。

正午

熱意が成功をもたらす

いまはちょうど新緑のころやからな、庭の景色が一段ときれいやね。とりわけ、もみじの葉っぱが色鮮やかという感じがするな。まるで蛍光塗料でもサッと掛けたようなそんな様子や。

どの木もどの枝もどの葉もみんな光り輝いておるようで、見ておっても心躍るような気分になる。この庭はいまがもっともきれいな、ええ時期かもしれんな。

うん、秋もええな。これももみじが紅葉するからな。それにな、冬の、雪の降ったとき、松の枝に雪がのっておる、そういう景色もええもんやで。

きみ、見たことあるか。冬になると、苔《こけ》を傷めんようにするんやろう、苔の上に一面松の葉をかぶせて。松葉敷き、あれも、ええなあ。

そやな、もうそろそろ、お昼にしよか。頼んでくれや。きみも忙しいやろ。休みもあまりないかもしれんが、からだには十分気をつけんとあかんよ。わしはな、相当長生きするからな、これからもいろんなことを次々にせんといかんわけや。

あと八十年も、ということになれば、取り組むべき仕事が無限にある。その仕事をやっていくときに、きみに、手伝ってほしいんや。だから、からだ大事にして、ええか、わしより早く死んだらあかんで。

けどな、**仕事をする、経営をするときに、何が一番大事かと言えば、その仕事を進める人、経営者の人の熱意やね。**溢《あふ》れるような情熱、熱意。そういうもんをまずその人が持っておるかどうかということや。あれば知恵が生まれてくる。

経営者には指導力が大事とかな、決断力が大事とか、行動力とか、まあ、いろんなことが言われておる。

確かにそういうものがあるに越したことはないけれど、とにかく経営者の最初の、というか基本の条件は、この熱情というか、熱意やな。

正しい熱意、素直な熱意あるところ必ず、経営成功の道が開けてくるわけや。熱意は成功へのハシゴやね。たとえば、販売のやり方が分からん、けど、なんとしても商売を成功させたい、そういう懸命の思い、情熱というものがあれば、そこになんとかしようという努力も生まれ、工夫も生まれて、成功の道が発見されるようになるんやな。

新しい商品を作りたい、そうほんまに考えるんやったら、他人に素直に教えを乞《こ》う、尋ねる、指導を仰ぐ、謙虚に耳傾けるということもできるわな。経営のやり方、進め方も、どうしたら一番うまくいく方法なのか、その方法も考え出されてくる。

だから、**もし経営がうまくいかん、どうも発展しないということであれば、翻《ひるがえ》ってほんまの情熱、素直な熱意を、わがからだの中に持っておるのかどうか、考えてみる必要があるな。**

熱心にやっておりますと言うけど、それがほんまもんかどうか、そこに尽きるわな。

そやろ、**商売を成功させたい、経営をうまく発展させたいという、燃えるような情熱があれば、おのずとその時々における成功の知恵が見つかるもんや。**

わしは人材を起用するときに、原則としては、その人のいろいろな能力よりも、その人に熱意があるかどうか、からだにみなぎるほどの、正しい熱情があるかどうかを、考え判断してきたな。そして大抵の場合、成功したな。

能力なんていうのは、誰でも大概はそう差があるもんではない。誰でも同じようなもんや。だから人を起用するときに、能力からすればだいたい六十点ぐらいもあれば、十分やね。

あとはその人の情熱でいくらでも伸びる。それが能力はあるけれども熱意がない、熱意が不十分だということになれば、そういう人をいくら起用してもだめやな。

それにな、熱心に経営者がやっておる、朝も晩も、ときには休みの日も、身を粉《こ》にして経営者が仕事に取り組んでおれば、従業員諸君も、ああ、うちの大将は、えらい熱心に一所懸命に仕事に取り組んでいる、情熱を持って、会社のこと、我々のことを考えてやってくれておる、ということになる。そうなれば、社員の人たちも、それでは大将、私たちも熱意をさらに持って私たちの仕事に取り組みましょう、ともどもに会社を発展させましょうということになる。

経営者が熱心な姿を見せれば社員の人たちも熱心になる。大将が進軍する先頭に立って懸命な姿を部下に見せておれば、部下も大将と同じような気分になって、戦《いくさ》に臨むということになる。

けど先頭は行くけど、馬上で大将がコックリ、コックリ居眠りしとる、居眠りまでせんでも本当の熱心さが感じられないようでは、部下も緊張してピーンとはりつめる気分というものは出せんわな。居眠りしとるのは後ろからでもよう分かる。本当の熱意がないというのも、よう分かる。

熱意があれば必ず事業は成功するな。けど、尋常一様な熱意ではあかんで。きっとこの会社を発展させようという、からだごとの、正しい熱意でないとな。

自然の理法を生成発展ととらえる

ごはん、食べよか。

こう庭の風景を見ておると、なんとなく自然の理法というようなものが働いておるなあという感じがするね。

いま新しい葉が出ておるけど、やがて濃い緑になって、枝は伸び、年々歳々同じからずやな。その自然の理法というようなものはなんかということは、よう分からんけど、万物を万物たらしめている力というか法則というか、そういうもんやろな。水が高いところから低いところへ流れるのも、物が上から下へ落ちるのも、まあ、自然の理法というもんやろう。そういう理法が厳然としてこの宇宙万物に働いておる。

そういう自然の理法というものの特質とは何かと言えば、それは生成発展というこ

とやとわしは思っておるんや。

なあ、この世は無常と言うけれど、それは常でないということやろ。常でないということは、動いておるということや。

宇宙全体、万物ことごとくが常に動いておる。そこで、その動き方をどう見るか。衰退と見るか、発展と見るか、それは人間の自由ということになるわな。わしは生成発展であると見とるわけや。

なぜなら、きみ、第一そう考えたほうが人間にとって幸せにつながるやないか。ますます発展する。そういう理法の中で生きておるとすれば、そこに人間の努力の意義も出てくるわな。

けど、そうではない。衰退であると。衰退していくんだ。だんだんと衰退していくんだとするならば、人間はどんなに努力をしても意味がないということになるわな。

うん、死か。それも生成発展のひとつの姿やな。やがてこの新緑の葉も秋が来るとともに枯れ葉になって、散っていくわね。けどまた次の春には木々は芽を吹いてそして繁《しげ》っていく。

人間も個々の姿を見れば、死んでこの世から去って行くということになるけれど、人間全体からすれば、それがまた生成発展のひとつの姿ということになるわな。

死を衰退と見るのも誰が考えたかと言えば、人間自身や。宇宙が死というものは衰退やと言うておるのでもなければ、自然がこれは衰退だと言うておるんでもないわな。神様がというても、神様が直接われわれに言うておるのでもない。

まあ、いわば人間が勝手にそう解釈して言っておるに過ぎんわけや。**どう見るかは人間の自由ということになれば、宇宙万物は生成発展しておる、そういう見方をしたらいい。**そういう見方のほうが人間の幸せにつながるやないか。

また、人間の誕生してから今日までのことを考えてみても、生成発展というふうに考えたほうが、理にかなっておると思うな。

きみ、そうやろ。人間最初の姿から考えれば長い年月、どれほど長い時間がたっておるのか、よう分からんが、その長い歴史を通観すれば、徐々にではあるけれど、そこに生成発展の理法が働いておる。

わずかではあるけれど、そこに進歩の過程を見ることができる。原始の昔に比べれば人間は発展をしてきておると言えるわけやな。

もし生成発展する、そういう特質が自然の理法によって与えられていない、また自然の理法自体が生成発展の本質を持っておらんとするならば、なんで人間の歴史は発展の過程なのか。そやろ。衰退する、というなら今日のような姿にはならんわけや。だから自然の理法が生成発展だという考え方も一面言えるやろ。

物事はこの自然の理法に則《のっと》っておるならば、必ず成功するようになっておる。

成功しないのはこの自然の理法に則っていないからで、それは自分にとらわれたり、何かにこだわったりして、素直に自然の理法に従うようなことをせんからやな。

自然の理法に従う

企業の経営でも同じやで。**経営はもともと成功するようになっておるんや。それが時として成功しない、うまくいかないのは、経営者が自然の理法に則って仕事を進めておらんからや。**

やるべきことをやる、なすべからざることはやらない。そうしたことをキチッとやっておれば、経営は一面簡単なものや。

朝が来れば夜が来る。夜が来れば朝が来る。四季は順ぐりに巡り、春になれば花が咲く。天地自然はなすべきことをなし、なすべからざることをなさないとすれば、物を売った代金はちゃんと頂く、物を買ったらすぐに代金を払う。約束したことはキッチリ果たし、必ず信頼に応える。

こういうことは自然の理法や。自然の理法にかなったやり方をすれば、経営は必ずうまくいく。

いい物を生産し、販売し、安価で、多くの人たちに満足されるような品物を扱えば、商売は繁盛する。人情の機微に即した商売のやり方をすればお客さんが大勢やってきてくれる。

ごくごく当たり前のことをすれば、商売とか、経営というものは、必ず成功するようになっておるんや。

それを自然の理法にそぐわないような、あるいは反するようなことをしておって、それでうまくいくはずはないな。自然の理法に、素直に従って経営を進めておれば、知らんうちにうまく進んでいくんや。自然の理法は、物事をうまく行かしめるような生成発展の性質を持っておるからや。

だからな、経営というものは原則として必ず発展し続けるもんやで。よく景気が悪いからどうもうまくいきません、不景気やからだめですという人もいるけど、本来ならばそういうことはないわけや。

自然の理法に従ってやっておれば、決して商売が停滞するというようなことはない。むしろ、発展する。経営というものは、だからどこまでもどこまでも発展し続けることができるんや。

そういう考えで経営をやっておれば、むしろ不景気はたいへん結構です、不況は歓迎ですということになるわけや。

なぜならそういうときに自然の理法にかなったやり方をしておらんところは苦労するやろうけど、自然の理法に従って素直にやっておるところは発展するからや。とらわれず、力まずのんびりやっておれば、商売は発展する。きみ、こんな簡単なことはないやろ。

経営は一面そういうことが言えるんや。もし、きみ、経営をやっておって悩むようなことがあったら、自然の理法にかなったやり方をしておるかどうか、反省してみたらええよ。

うん、からだか。大丈夫や。心配せんでええよ。こないだまで少し疲れておったけど、もうすっかりようなった。わしはそう簡単に死にはせん。

だいたいわしは若いころからからだが弱かったやろ。肺病やな。そのころの肺病はほとんど死ぬんやな。

商売してしばらくしたら、また具合が悪くなってな、入院しに行ったんや。それまではあかん、あかんと言われながら、金がない。治療なんか受けられへんかった。まあ、商売はじめて多少そういう余裕もできたからな。

そいで、そのとき病院に行くことにしたんやけど、その途中で、三べんほど血を吐いてな、そんな大袈裟《おおげさ》に言うほどではないけれど、わしの家族はみんな肺病で亡くなっておるんや。だから、もう、あかんかいなと思ったな。覚悟するというか、そんな心持ちであった。

けど、その病院には一か月ほどいてな。本当はもっと入院しとらんといかんかったんやけど、もう、いやになってしもうてな。そのときも死なんかった。

こういうこともあったな。わしが十五ぐらいのころやったかな。築港《ちっこう》の埋立地にあった工場に臨時雇いで、ポンポン蒸気の船に乗って仕事に行っておったことがあるんやけどな。

ある日の夕方やな、帰る船のふなばたに夕涼みがてら腰かけて休んでおったら、そこに船員の人がふなばたづたいに歩いてきたんや。ところがちょうどわしのところまできたら、どういう拍子か足をすべらせてな。海の中へ転落してしまった。

それだけならええんやけど、落ちるときにわしをつかんでな。まあ、つかまろうとしたんやろうな。それでわしも海に落ちてしまった。さあ、たいへんや。

わしは多少泳ぎはできたけど、なにせ不意打ちを食らったようなもんやから、ただ手を動かし足をばたつかせて、浮いたり沈んだりしておった。

必死にもがきながら、もうだめかいなと思っておったところ、何度目かに水面から顔を出したときに、行き過ぎた蒸気船がこちらへ来るのが見えた。ああ、助かるかもしれん。そう思った。そして助けられたんやけど、これがそのまま気づかずに船が行ってしまっておったら、あるいは冬の寒いときなら、助かっておらんわけや。このときもわしは死なんかった。

わしは何度ももうだめやと思うようなことに出会ってきたけど、その都度不思議に生き抜いとるんや。

そやから、わしのことを、きみが心配してくれるのはありがたいけど、大丈夫や。だいたいな、戦《いくさ》しとってな、矢玉がとんでくる。その中で矢玉に当たる大将もおれば、同じようにしていながら、矢玉に当たらん大将もいる。

わしは矢玉に当たらんほうや。

責任者には三つの責任がある

仕事はなあ、自分一人でやろうと思っても、あかんよ。ほどほどの仕事はできるけどな、大きな仕事はできんわ。みんなの力を集めんとな。

だから、仕事を部下に任すことが大事やな。


しかし部下に仕事を任せるといっても、その仕事を知ったうえで任せんといかんよ。任せると、部下はやる気を出して仕事をする。当たり前のことやね。

人間は誰でも自分が信頼されていると思うときに喜びを感じ情熱を傾け、やる気を出すもんや。権限の委譲というのか。それによって部下は成長するな。これが責任者の一つ目の責任や。

わしは昔からからだが弱かったからな、自分ではできへんかったから、自然に部下の人に仕事を任せてやってもらうようになったんやけど、まあ、それがよかったんやな。

けど、そこでなぜ責任者というかというと、自分のチームの仕事をやりあげるという、そういう意味で責任者であるということやな。

しかし、仕事をやりあげるというだけの責任であれば、きのう入ってきた新入社員でも自分の仕事をやりあげなければならんという意味では責任者といえる。

けど、そういう新入社員は責任者とは言わんな。**責任者というのは、次に、新しい仕事を創り出す、という責任があるんや。**これが二つ目の責任や。

部下に仕事を任せる。いままで自分が持っていた仕事の、百のうち二十を部下に渡せば、二十自分の仕事に隙間ができる。

その二十で何をするか。責任者はそこで新しい仕事を創造せんといかん。責任者一人一人がそういうように新しい仕事を創り出すとき、会社全体が大きくなる。発展するということになるんや。

三つ目は、いうまでもなく、部下を育てる、人材を育成するという責任があるということやね。

仕事を任せるということは、部下を育てるということになる。仕事の完成と新しい仕事の創造と、そして人材育成と、その三つの意味において責任者というわけやな。

権威を保つ

ところでいま、権限の委譲ということを言うたけどな、仕事を任せるということやな。それは大事だと。けど**権限を委譲しても、権威は委譲したらあかん。**それがなかなか難しい。

仕事を部下に任せると、それでどうするかというと、時間もできる、偉くなったような気分にもなる。本当はさっきも言ったようにそんなひまもないし、そういう気分になることもないのやけど、そこが人間や。

部下が仕事をやっておるにもかかわらず、付き合いだと言ってゴルフに出かけたり、交際費は節約しろと言いながら、自分は夜ごと会社の金で飲み歩く。遅刻したらあかんと言いながら、自分は遅れてくる。約束は守れと言いながら、自分は守らない。そういうことをすると、責任者として権威はなくなるんや。

権威というのは人間としてなすべきことをなす、なすべからざることはやらんと。そこに権威というものが生まれてくるんや。

全体の仕事を仕上げたか、新しい仕事を創り出したか、部下を育てる努力をしているか、三つの責任を感じながらそういうことを、キチッとしておれば、部下のほうも仕事を任せられて満足しつつ、責任者に心から敬意を表しながら、まあ、尊敬しながら努力して向上していく。

そういうことをやらんと、だんだんと部下から軽く見られるようになって、いつの間にやら逆になってしまうな。

特に経営者は、そういうことを、よく心がけんといかん。部下は必ず大将のまねを、みんなするようになる。**うちの社員は仕事をせんとか、出来が悪いとか言う経営者がおるけど、結局は経営者自身が権威を維持しておるか、人間としてなすべきことをなしておるかどうかということに尽きるな。**

部下はその本質をほめて育てる

部下はな、ほめんといかんで。ほめて育てるということを考えておかんといかんよ。人間は誰でもいいところと悪いところを持っておるもんや。きみでもわしでも、そのふたつを持っておる。

けど、**大事なことはいい面を見て、そのいい面を指摘して伸ばすようにすることやな。**悪い面を見て、その悪い面を指摘して少なくするようにさせるのは、あまり効果はないな、わしの経験から。

少しほめるべきところがあれば、それをおおいにほめる。多少評価すべきところがあれば、評価する。そういうことが大事やね。

人間はいやなことを言われて、向上しようとする人は少ない。いいところをほめられたら、よし、がんばろうと努力する。それが人情やな。
山本五十六《やまもといそろく》という人が、「してみせて、言って聞かせてさせてみて、ほめてやらねばひとは動かじ」と言ったそうやが、その通りやね。

けどな、この、ほめる、ということを、よう考えておかんと間違えるわけや。この、ほめるということは、叱らんと、相手に注意もせん、言うべきことも言わんということではないんやな。

それはどういうことかというとね、**ほめるというときに相手の、たとえば部下やね、部下の人の、その本質をどう評価しておるかどうかということや。**

その人の本質をまったく評価しておらん、これはどうにもならんやつだと考えて、でもほめんといかんということで、ほめると。しかし、これはほめるということにはならんわな。

根底のところで、こいつはあほやなあと思いながら、口ではほめるとしても、これではわしの言う、ほめるということにはならん。

けどな、本質的に相手の能力を認めておる、高く評価しておる。しかし、この人のために、この部下の持っておる能力を引き出してあげるために、叱ってあげよう、注意をしてあげようということになれば、これは叱るということではないわね。

人間というのは誰でも相当大きな力というか、能力を持っておるもんや。見た限りでは、たいしたことないと思われる人でも、その実、たいへんな力を持っておるんや。いまは見えんけれど、現れておらんけれど、そういう能力を持っておるんやな。そういうことを、よう考えたうえで、部下を見んといかんわな。

この人はわしよりもええ面を持っておる、相当な力を持っておる人や、といつもそう思ってわしは部下の人と接してきた。

まあ、きみも、偉大な力を持っておるんやね、いまは現れておらんかもしれんが。ほめるということ、叱るということは、そういう意味やね。

ところが実際にはそうではないわけや。ほめるということを、口だけでやっておる。それで、ほめても部下は育ちませんという。当たり前やわな。本質的にほめておらん。にもかかわらず、口だけではほめると。それで部下が育つということはないわな。

そういう考えで、部下を口だけでほめておると、部下もだんだんとこの上司は口だけで、本当に自分を評価しておるんではないということが分かってくる。

だから、部下は育たんばかりか、その上司を信用せんようになったり、反抗的になったりする。まあ、逆効果やね。

けど本質的に評価しておれば、叱っても、注意をしても部下は、うん、そうや、自分が悪かった、と素直に反省できるし、みずから向上しようと努力するようになる。それればかりか、叱ってもらってありがたい、ということにもなる。

叱って、かえって喜ばれる。そういうことをな、部下を育てるときに、きみ、よう考えておかんとあかんよ。

自分は凡人であると思う

庭を見ておると、どこも物差しで測ったような、そんなところはないな。そういえば、庭師さんが物差しで庭を測っておる姿はあんまり見んな。

路の作りにしても、あれ、くねくね曲がっておるわね。けど、あれは適当に曲げておるんやな。しかし、それでおってなお、庭の路として調和しとるわね。そういうところが日本の庭のええところや。

いつか、あれは誰やったかな、ある財界の人が来たときな、あの路とあそこの白砂がいい、とえらいほめてくれたことがあるな。

門をくぐって、庭に入って、あの路を歩きはじめる。木々の間の、あの曲がりくねった路をものを考えながらゆっくりと歩いて行くと、あの白砂のところに出る。するといままで考えていたことの解決策がパッと出てくると。そんな感じがして、この路と白砂のところはとてもいい、そう言うてたことがあるなあ。

きみ、覚えておるか。面白い感想やったな。そういうことも言えるわね、ここはね。

うん？　わしが成功した理由か？　そやなあ、よう分からんな。

仕事をはじめたのは三人や。それがいまでは関係先まで入れたら数十万人になるやろうな。こんなに大きくなろうとは、正直、思わんかったよ。

それで多くの人は、あんたは成功したと。成功者だと。たいしたもんやとよく言うてくれるけど、わしは必ずしも成功したとは考えておらん。なんといっても、**人間として生まれてきた以上は、人間としての成功が大事やからね。まだまだそういう意味では成功したとは言えんわけや。**

けどな、仮に商売だけに限っていえば、確かに成功したと言える面もあるかもしれんな。

それできみが聞くように時折、どうしてあんたはこんなに会社を大きくしたのか教えてくれと。どんな方法があるのか教えてくれというようなことを聞かれるときがあってな。けど、そんなことは聞かれても、あれへんわけや。

理屈で商売をやってきたわけやない。その時その時に、ただやるべきことをやってきた。朝がきたら起きる。夜がきたら寝る。そういうことやな。

まあ、そういうことを心がけてやってきたけど、これもいつもいつもキッチリやってこれたかというと自信はないな。心がけて努力はしてきたと。そんなことやから、どうやって成功したかといわれても、よう答えることもできん。

けどな、強《し》いて言えば、わしが凡人やったからやろうな。人と比べて誇れるようなものはない。それがよかったと思う。

前に言ったけど、学校は四年中退や。勉強しとらへん。それは父親がわしの四歳のときに米相場に手を出して失敗してしもうたからな。それまではそのあたりではけっこう素封家《そほうか》であったらしいけど、いっぺんになんもなくなってしまった。

家族は両親と兄弟で十人家族であったけど、それで一家はみんな大阪に出て働かんといかんようになった。もう帰る故郷もなくなったんや。

ところが家族はわしが故郷を離れる二年ほど前から次々に死んでいく。わしの七歳のときに姉のひとりが死んでから二十八歳までに親兄弟みんな死んでしまった。頼るべき人もいない。しかもわしは二十歳のとき、肺尖《はいせん》カタルにかかってしまった。まあ、結核の初期の状態やな。

このときわしは来るべきものが来たと思った。というのは親兄弟みんな結核で死んでおるんや。それからは気をつけながらの人生ということになったわけやけど、健康ではなかったわね。

そういうことを考えても人に誇れるものはない。**人にくらべて抜きん出ておるものもない。まあ、平凡な人間やと。そういうことがよかったのかもしれんな。**

わしが学校を出ておる。そして秀才やと。あるいは家柄もいい。金持ちやということであったとすれば、こういうことにはならんかったかもしれん。

わしは会社の経営でいろいろのやり方を考え出したけど、どれもわしのそういう人生を背景に生み出されたものが多いというわけや。

たとえば事業部制にしても、あれは世界的にも早い時期らしいけどな、わしは、そういうことで、からだが悪かったからな、直接に仕事をやるということはできんかった。それでわしに代わって仕事をやってもらおうと。

そこでわしの考えの中から、ごく自然にそれぞれの製品別に事業部をつくって、経営者を決めてやってもらった。それが人材の育成とか、責任の明確化とか、そういうふうなことに結びつくと考えられるわけやけど、わしがはじめたんは自身、からだが弱かったからやな。それがきっかけやな。

もし、わしが健康で頑健なからだをしておったら、一から十まで全部自分がやってしまっておったと思うな。幸いにしてからだが弱かった。それがよかったということや。

みんなに聞きながら経営を進めていくことが大事やということは、さっきも話したけど、**衆知を集めて経営をしたのも、わしが学校出てへんかったからやな。**

もし出ておれば、わしは人に尋ねるのも恥ずかしいと思うやろうし、あるいは聞く必要もないと思ったかもしれん。

けどこれも幸いにして学校へ行ってへん。勉強してへん。そういうことであれば人に尋ねる以外にないということになるわな。そういうことで経営も商売も人に尋ねながら、人に意見を聞きながらやってきた。それがうまくいったんやな。

そういうことを考えてくると、今日の、商売におけるわしの成功は、わし自身が凡人やったからだと言えるやろうな。

時代に合った事業をする

それに**人材に恵まれておったということも幸いしたな。素質のある人が次々に入ってきてくれた。**

最初はどうなるかと思う人もあったけど、それぞれにみんな努力をしてくれたな。みんな仕事熱心で夜でもなかなか帰らんのや。見習いの人たちでさえ、よう仕事をしたな。

わしは少し早く帰ってな、帰るといっても工場と同じところにわしの家があるんやからな、それからたまたま夜十時過ぎて事務所に行くとな、まだ明かりがついていて仕事をしとるんや。

きみら、何をやっておるんや、そんな遅くまで仕事しとったらあかん。からだ、こわすやないか。はよ寝んかいな、と、まあ、よく注意をしたもんや。

それが何回も重なるとしまいには遅くまで仕事するのはけしからん、と叱らんといかんというような姿であったな。

まあ、それほどに当時の人たちはよう働いてくれた。みんな努力して、自身で向上をしてくれた。本当にありがたいと、いまもしみじみとそう思うな。

会社が大きくなったのもそういう社員諸君がみんな一所懸命やってくれたおかげやな。わし一人の力ではない。みんなのそうした努力あればこそやな。そういうことをこれからの人も忘れたらいかんね。

今日、会社があるのは先輩のみなさんのおかげやと、感謝の気持ちを持ち続けることがまた、会社がさらに発展する力になるわけや。わしは運が強かった。いい人材に恵まれたということやな。

それから方針を明確にしたというのもよかったな。また理想も掲げたしな。

まだ町工場といった時代に、二百五十年計画というのを発表したんや。二百五十年後に生産者の使命を全うして、わが国に楽土を建設しようと。考えてみれば大それた計画やわな。

そりゃあ、きみ、まだそのへんの町工場や。そんなところが、わが国を自分たちの努力で楽土にしようというんやからな。しかも二百五十年後や。けど、こういうように理想を社員に提示したことによって、社員諸君はいわば誇りを持ったわな。

自分たちは単なる仕事をやっておるんではない、日本の建設をお手伝いするためにやっておるんだということになったから、まあ、自分たちは聖なる仕事をしておるんだと。そこで社員みんなが一段と力強い成果をあげてくれるようになった。

それだけではない。その理想に向かって個人としても正しく生きていかんといかんということになるな。個人的な努力もするということになる。それで昔は、あんたとこの人は誠実や、真面目やとよく言われたもんや。

いまは大勢になったからな、どこまでこういう考えがいきわたっておるのか、心配はあるな。けど、とにかくそういうように理想を掲げたことがよかったと思うな。**それに理想を掲げることは会社を長く存在させるという決意の表明でもあるわけや。**

それと電気という仕事が時代に合っておったということができるわな。

わしはそれまで自転車屋に奉公しておったけど、大阪の街を走る電車を見て、これからは電気が世の中を変えるんやないかと、そう思った。

それで電灯会社に入って、それから数年して、電気器具製作所として独立したんやけど、まあ、その電気というものが、その後の時代に乗ったというか、合っておったんやな。これも幸いであったわな。

きみ、これが江戸時代であったら、どうにもならんわな。あるいはいまからということであれば相当苦労しておったかもしれん。ちょうどの時期であったと言えるわね。

ガラス張りの経営をする

次に考えられるのは、会社の中に派閥を作らんかったということやろうな。とにかく、学閥とか、あるいは、ようあるやろ、社長派とか専務派とか、そういうものも作らんかったし、作らせんかった。

そういうものは社内に対立を生み出すばかりではなく、会社全体の力を分散させることになるわね。全員で打って一丸というところを、派閥があればそれができん。知恵を集めて仕事を成功させようとしても、派閥があればその知恵も十分に集められんということになる。

そんなことでは激しい競争に勝てるわけがないやろ。**うちの会社が成功したとすれば、派閥を作らず、みんなで力を合わせたからや。**

おっ、コーヒーがきたよ。飲みながら話そうか。

それから、ガラス張りで経営をやったというのもよかったかもしれんね。

わしはな、会社の社員が十数人の、まあ、個人経営のときから、毎月の決算を社員に公開してきた。今月はこれだけ売れた。これだけ儲かったということを、従業員諸君に知らせてきた。

個人経営やから、そんなことをする必要もなかったけど、社員が力を合わせてあげた成果や。はっきりと知らせなければ、あいすまんと思った。

それで、みんなで努力した成果はこういうことですよと、知らせてきたんやけど、それが社員諸君に非常な励みになった。みんながさらに一所懸命働くことになったんや。

そこまでわしは考えてへんかった。そういうことで経営の成果を公開すると、社員が、それはよかった、来月もがんばりますというようになった。

まあ、社員諸君は、自分も経営の成果を把握しておると、そういう気分になるんやな。そうすると、この会社は自分の会社だ、自分たちの会社であるという気持ちになる。

自分たちが働いたことで、成果があがったということがはっきりと分かる。そこに、喜び、生き甲斐というものも生まれ、一所懸命やるぞという熱意も生まれてきたんや。

またガラス張りの経営をするということは、経営者がいかなる不正も行い得ないということにもなるわな。経営者自身の自己規制にもなる。ガラス張りの経営はいろいろな、思わん効果をもたらしたと言える。

そやな、全員で経営をしてきたのも、よかったかもしれんなあ。

わし一人で経営をやるということではなく、社員みんなで経営をやろうということを心がけてきたな。いま言ったガラス張りで経営をしてきたのも、社員諸君の知恵を集めてきたのも、すべてこれ、全員で経営をしようとしてきたということやね。

事業部制にしても、そや。きみ、これを担当してやってくれ、そして一切の経営はきみがやってくれ。まあ、こういう主義やな。

一人一人が経営をわがこととして考える、一人一業、わしのいつも言ってる、社員稼業やね、そういう考え方で取り組む。そういう環境をつくってきた。

そやから、ワンマン経営ではないわけや、早い話が。時折あんたはワンマンではないですかと言う人もおるけれど、そういう人は実態を知らんわけやな。**とにかく常に社員一人一人を主人公にするようにして仕事をしてきたんや。**

公に尽くす心を求める

　そして会社の仕事を公《おおやけ》の仕事だと社員に訴え続け理解してもらったことも、成功の要因のひとつと言えるわな。

会社は個人のものではないですよ、わし一人のものでもなければ、社員一人一人個人のものでもないですよ、そういうことを言ってきた。

　まあ、法律からいえば、私企業ということになるけれど、実際の姿から考えれば、そう考えんほうがええわけや。第一、会社をやっていくに当たって、何が必要かと言えば、まずお金やろ。お金がなかったら会社、つくることもできんし、経営をしていくこともできんわね。

　けど、そのお金というものは誰のものでもない。金は天下の回りものと言うけど、その通りやな。公のもんや。

それに物というか、材料とかというものもいるわな。それももとをさかのぼれば、天下のもんと言えるわ。人材もそうやな。人というのは誰のものでもない。これまた天下のもんや。いわば経営の基本である人、物、金、これすべて公のものと言えるわな。そやろ。

そうであるとすれば天下の人、物、金をあずかって営む企業というものは、これまた天下のもんと考えんといかん。個人のもんとは言えんな。

で、公のものということになるわな。そうであるとすれば企業は社会のため、世間の人たちのため役に立つような働きをせんといかんということになる。

だから、われわれの会社は個人の会社ではありません、公の、天下の会社でありますよ、われわれは個人のために仕事をするのではない、われわれ自身だけのために経営をしているのではない、社会の人々のため、社会の発展のために人々の幸せのために仕事をするんですよ、ということになる。

そういうことをみんなに話してきた。

そしたら社員の人たちが、そうか、と。自分たちは自分たち自身のためだけではなく、社会のために働いておるんだ、と理解してくれた。そうであれば、なお一所懸命に仕事に取り組まんといかん、ということになった。一層誇りを持って仕事に取り組むようになった。

まあ、いわば**公に尽くす心意気というものが社員の中に生まれてきたんやな。それで会社が一段と発展したんや。**

会社が発展した理由はまだいろいろあるけど、こんなもんやろうな、一応は。うん、わしの言うことを、従業員諸君は聞いてくれたな。わしの言わんとするところを、社員の人たちはよう理解してくれた。わしが今日まで経営をやってこれたのは、社員みんなのおかげやな。

いつも心の中で感謝しておるんや。手を合わせる、そんな心もちやな。ほんまに。

わしの言うことが常に正しかった、的確であったとは言えんな。神様ではないからね。

それをわしのまわりの人たちがよく補佐してくれた。ときにわし自身、指示を出した後、あまりいい指示ではなかったな、と思うものもあったけど、かしこまりましたと言って、社員諸君それぞれが、結局は成功せしめるような努力をしてくれた。そのことを、わしはよう分かっておる。

そういうことを思うと、**かりに今日のわれわれの会社が成功したというならば、それは九〇パーセントは、社員の人たちのおかげやな。しみじみありがたいと思う。**

とにかく訴える

経営者は、どうやって自分の考え方を社員に浸透させていくのか、ということとか？ そやな、そのとき、経営者にとって大事なことは、訴えることとやな。

社員の人たちに経営者自身が考えていること、思っていること、そういうことを話し、説明せんといかん。**自分たちの大将がいま、どんなことを考えているか、社員のみんなに知らせる、そういう努力を責任者はやらんといかんということとやな。**

そのとき、よう心がけておかんといかんことは、その訴える内容について責任者がどれほどの思いを込めておるかということやね。

まあ、重要なことだから、一応みんなに話しておこうか、という程度ではだめやな。そんな気持ちであれば部下の人たちに伝わるとしてもその真意の一割も伝わらんやろう。うん、重要やと。相当心を入れて話すと。

かりに一〇〇パーセント伝えるために、一〇〇パーセントの思いを込めて話をすると。しかし、その程度の思いでもあかんのやな、思いがまだ足りんわけや。部下に伝わっていくうちに、しまいには一〇パーセントほどになってしまう。

一〇〇パーセントを部下の人たちに伝えようとするならば、そのことに責任者は一〇〇〇パーセントの思いを込めんといかん。もう溢《あふ》れるばかりの思い、まあ、祈りにも似た熱情が込められた内容でないといかん。

そして燃えるような思いで訴えんといかん。そういう姿でないと、責任者の真意は伝わらんものや。

それはけしからんというても、それが実際の姿やな。それよりも、責任者がそれほどの思いを掛けておらんということのほうが問題やな。

社員が自分の話を十分に理解せんと言う経営者がおるけど、経営者自身が十分な熱意、思いを、そや、一〇〇〇パーセントの思いやね、それを込めて社員の人たちに訴えておるかどうかということを、よう反省せんといかんわね。

思い付きで考えたこと、ちょっと考えてええと思ったこと、人に聞いて感心したこと、そんなことぐらいで社員や部下の人たちに話しておったら、みんなえらい迷惑やで。きみ、そう思えへんか。**経営で大概悪いのは、経営者のほうやで。**

それからね、繰り返し話をする、繰り返し訴えていくということも大事やね。うん、繰り返すということやな。それが経営者の考えを浸透させることになるな。

年一回、十分に話したから大丈夫や、あるいは書類を回しておいたから、理解してるはずだとか、そう考える責任者はいないかもしれんが、そういう程度で社員の人たちに周知徹底することは不可能やわね。

いや、自分は三回も四回も話をしました、それでもうちの社員はあきませんという経営者の人もおるやろうけど、**それであかんかったら十回も二十回も繰り返したらええんや。**

わしは若いころ、三年近く、毎日のように朝会でわしの考えを話したことがあるんや。十分か十五分ほどやけど、繰り返し繰り返し自分の考えを訴えた。

うん、もちろん同じ話はせえへんで。いろいろな話をする。自分の経験したこと、きのう考えたこと、まあ、いろいろ話をするけれど、しかし、究極言わんとすることは同じじゃ。究極同じことを言うておるんやけど、話はいろいろな話をする。これが毎日や。結構苦労したで。きょうはどんな話をしようかと。

けど、ここが大事やな。**よう社員には勉強せえ、考えろと言うけど、それならば経営者も勉強し考えんといかん。**自分はそういうことはせんといて、部下には勉強せよ、考えろと言う人がおるけど、こっけいな経営者やな、そういう人は。

とにかく、わしは毎日、話をした。そうすると、社員諸君ははじめはただ、へえ、そうですか、ということやな。

けど、だんだんと、繰り返し話をしておると、なるほどそうかと。そりゃ自分たちもやらんといかんですな、ということになる。やがてしばらくすると、社員のほうが一所懸命になって、大将、何言うてまんねん、そんななまぬるいことではあきません。わたしらについてきなさい。

ほんまにそやで。**繰り返し話をすることによって、自分たちの大将がいま何を考えておるのか、いま一番関心をもっておるのは何か、何に取り組まんといかんか、どういう方向で努力をしていったらええのか、よう分かってくるわけや。**

経営者の真意が十分に伝わるということになる。こういう繰り返しをせえへんかったら、経営者の真意は社員には伝わらんわな。

なかなか自分の考えが社員に伝わらんというなら、これほどの努力をしておるかどうか考えてみんといかんな。社員は大将の考えが理解できたら、よう働くもんやで。

朝会の効果を知る

エッ？　朝会か？　うん、これからの経営においてますます必要になるやろうな。このごろはこういう**朝会は前近代的だと言う人もたくさんいるようだけど、そういう人は、本当の経営というか、実際の経営というものを知らん人やろうな。**

いらんということであれば、むしろいままでのほうがいらんと言える。

というのはね、朝会というのは意思を疎通させるとか、みんなの気持ちをひとつにするとか、あるいは会社の進んで行く方向を周知させるとか、いろいろな効果を生み出すわけや。

また交代で社員の人が話をする。これもお互いに、ああ、あの人はああいう考え方をしているのか、ということも分かるし、またその場を活用して自分はこういう考えを持っていますと発表することもできる。

このごろは考え方がさまざまな時代になってきたわね。うん？　価値観多様化の時代というんか？　まあ、そういうことになれば、一人一人がそれぞれに自分の考え方を持って、そしてそれに基づいて行動をする。結構な時代だと言えるわね。

それはそれでええけれど、しかし、会社全体の方向に沿って、あるいは会社発展の方向で努力してもらわんといかん。そやろ。そうでなければ、会社として組織をつくる必要もない。

価値観多様化というか、そういうばらばらであればあるほど、一方で共通のものが必要だし、また社員の人たちも責任者の考え方とか、いま会社で何が起こっているのか分かっておらんと困るわけや。

なんか知らんけど、与えられた仕事だけやると。やっておると。そういうことでは、かなわんということになる。

昔のように基本の考え方がひとつかふたつだと、むしろ話したり、連絡したりせんかて、まあ、だいたいお互いの言うこと、やることは分かるけどな。

これからはそういかん。とすればやな、朝会とか夕会とかそういう場を設けてお互いに連絡確認することが大事になってくるわけや。

うちの海外の会社がいずれも成功しておるのは、海外でもそういうことをやって連絡確認を徹底しとるからや。

外国はひとつの国でもいろいろな民族があり、いろいろな言葉があり、いろいろな習慣があるわけや。まあ、ほんまに価値観が多様やで。

そういうところで朝会が非常に便利やと。はっきりとお互いに考えを主張し、話をし、訴える場を日常的に持っておると。それが便利やということや。

外国ではそんなものはないと。**そんな朝会とか夕会とかは前近代的であると。そういう考え方をするのはあんまり賢い人ではないな。**外国が近代的で、日本がすべて前近代的と言えるんかどうか、わしには分からんが、大事なことは経営に、あるいは仕事にどれだけ有効かどうかということや。

まあ、経営の実際を知らん人が言う場合は仕方ないけど、経営者が同じように思い考えるとするならば、つまらん経営者やね。経営が本当は分かっておらん人やろうな。

朝会でお互いに確認できるのもええわね。

ああ、あの人、見えんけど、休んでおるのかな、もしそうであれば、病気であろうか、大丈夫かな、というふうにな。あの人は元気そうで結構や、あの人は少し元気ないな、あとで声を掛けて励ましてあげよう、ということになる。

みんながいろいろな考え方をする、これからの時代は朝会とか夕会とか、形はともかくそれに類するものをやらんといかんね。やらんと会社の基本のところでばらばらになってしまって、どうにもならなくなるわ。

話をもとに戻すけどな、経営者が自分の考え方を社員に浸透させるためには、あとひとつ、**なぜ、ということを話さんといかん**ということやな。

社員に訴える、話をするのにただ要件だけ、結論だけ言うと。言いたいことだけを言うと。そういうことではあかんのや。話をする、訴えるからには、なぜ自分がそういう話をするのか、なぜそういうことを訴えるのかを、キチッと説明せんといかんし、説明できんといかんわな。

説明せんと。そんなことでは社員は分からんわけや。責任者がなぜを説明することによって、その言わんとする全体を理解することができる。責任者はその、なぜが説明できるほどに考えんといかんわな。

考えもせんと社員に話をする。考え抜きもせんで訴えるということでは、社員はその責任者についてこんで。

きみ、ええか、**自分の考えを部下の人たちに伝えようとするならば、燃える思いで訴える、繰り返し訴える、なぜ訴えるのかを説明する、こういう三つのことを忘れたらあかんで。**

目に見える要因と見えない要因を考慮する

うん、かまへんよ、別に用事はない。一日、きみと話ししようと思っておるんや。それにしても、ほんまにええ庭やな。ゆっくりした気分になれるな。これからだんだん暑くなるけど、いま時分がちょうどいい。少し風もあるしね。植木屋さんたちも熱心にやってるなあ。

京都にはいい庭がたくさんあるけど、ここもそのひとつやな。特に路に柵をつけておらん。公開しておらんから、そんなことをする必要がないからやけど、そのぶん、ほかの有名なところより庭本来の姿になっておるな。

秋のころはお月さんがちょうどあの山の上から出てきて、その池に映るんやけど、まことに風情があって、面白いな。秋になったらまたお月さん、見に来ようか。

経営を進めるときに考えておかんといかんことはな、目に見える要因と、目に見えない要因を、両方とも考えんといかんということやね。

経営を考えるときに、一般的にまず考えるのは、目に見えることやな。大抵の経営者や責任者の人がそうや。

目に見える要因というのは、たとえば商品とか技術とか、あるいは工場とかベルトコンベアとか、資料とか、そういうもんやな。組織とか体制なんかもそうやな。とにかくそういうものは目に見える。

経営をよくしていこう、経営を改善していこうとすると、大概はこの目に見える要因に心奪われる。

それで組織を変えよう、体制を変えよう、新しい技術によって新製品を開発しよう、とこう考え、社内を動かし社員に努力するように指示を与える。

しかし、そういうようにこの目に見えるものだけに取り組んでいったら経営がよくなると思っておる人もおるようやけど、実際にはそれはムリやと。そういうことだけでは、経営というものは決してよくはならないと。そういうものも極めて重要やけど、**もうひとつ、目に見えん要因というか、条件というものも考えんといかん。**

目に見えんものとは何かと言えば、それはたとえば、その会社の経営理念とか哲学とか、あるいは経営者や指導者の考え方とか姿勢とか。うん、それだけではなく、社員の人たちの心構えとかやる気、心持ち、そういったものやな。

経営を考えるときにこの目に見えん要因というものもあわせ考えんといかん。経営理念があってしっかり守られているか、経営者の姿勢は正しいのか、社員の人たちの心構えはいいのか。あるいはこうした目に見えない要因というものを、さらに強化する必要はないか。そういうことに取り組まんといかんわけや。

しかし、この目に見えんものにはなかなか取り組まん。あるいはこういう目に見えんことに取り組むのは古くさいと考える人もいるようだが、それでは経営に大きく成功することはおぼつかんわね。**経営の成功は、この目に見える要因と目に見えん要因**

と、両方を大事に考えんとね。

早い話が、金魚な。あれを飼うのに金魚そのものを考えるだけではあかんわね。水を考えんとね。金魚ばかり考えて、水を軽視したら、金魚、すぐ死んでしまうがな。

たとえばな、品質管理、エッ？　ＱＣ？　うん、それやけどな、これは、きみ、アメリカの人が考え出したんやろ。それでアメリカでやってみたと。けど、結局はアメリカでは成功しなかったわな。

品質管理には七つ道具というか、決まった手法があるわね。このやり方をやんなさいと。それをアメリカでやったけど、うまくいかなかった。なぜ、うまくいかなかったかというと、そのやり方だけを取り入れたら、成功すると考えたからやろうな。あるいはそのほかのことは考えなかった。

工場でやっておると。そこで働いておる人一人一人が、自分は品質管理の、教えられたやり方をやっておりますと。ほかの人は知りません。最終的にいい製品ができるかどうかは知りません。私はやるべきことはやってます、と、まあ、実際にはその通りかどうか分からんけどな、そういうことやな。それでは品質管理も成功せんわけやな。やり方だけで品質管理をやった。

けど、日本では成功したわな。日本の従業員の人たちは、品質管理の手法を身につけるだけではなく、工場の中で、あるいは仲間同士で助け合った。自分がうまくできても隣の人がうまくいかないと、声をかけた。どうしたんですかと。一緒に考えましょう。隣の人だけでなく、それぞれに声をかけ合ったわけや。

そういうことは品質管理の方法には書いてない。お互いに助け合いましょう、思いやりの心を持ちましょう、やる気を出しましょう、というようなことはなんも言っておらんのや。

しかし、日本の人たちはそういうことをやった。そこやな。いわば、**目に見えるものだけでやったんやない、目に見えんもんもちゃんとやった。**そこがアメリカの人たちと違ったわけやな。

今日、日本の経済が世界的に強くなったと言われているけど、こういうようにふたつの要因に取り組んできた、という面もあると思うな。

まあ、ほかの国はどちらかといえば、この見える要因ばかりとは言わんが、これに重きをおいてやってきた。これではうまくいかんわ。

日本もこのごろはこうしたことを軽く考え、目に見えるものばかりを追いかけるようになってきているが、そういうことでは将来が心配やな。かっこいいことばかり言っておっても、それで現実が動くもんではない。

実際に有効かどうかという判断よりも、こういう発言をしたほうが人気がとれるとか、世間の受けがいいから、というふうに考えてものを言う人が多くなっている。口《こう》舌《ぜっ》の徒《と》という人が多いな、このごろは。

自然の理法を判断基準にする

わしは学校を出てへんから、きみたちのように学問や知識を頼りにすることはできなかった。世間の人たちの言うことも、いったいどれが真実なのか正しいのか、正直、判断ができん場合が多かった。**それでわしは何をひとつの拠りどころにしたかというと、この宇宙とか自然とか万物というか、そういうものやったな。**

この庭を見ておると、そんなことが思い出されてくるな。なんか難しい問題にぶつかる。どうしようかと思い悩むことがある。そんなときにジッと天地宇宙を考え、自然を、まわりの景色を眺めてみる。

きょうはいいお天気やけど、お日さんを見ておると、ああ、素直な心で考え、行動せんといかんなと感じられる。お日さんはなんに対しても分け隔てなく日ざしをおくっておるわな。人間にも動物にもこういう木々にも、なんに対しても平等に光を当ててておる。いや、わたしはあの人はいい人ですから陽を当てることにします、この人は悪い人ですから陽は当てません、とお日さんがやっておるということはない。人間には当てるが、植物には当てませんということもない。その現象は、まったくとらわれてはおらんわね。

お日さんだけではない。この宇宙にあるすべてのものが、自己にとらわれて、その営みをしておるわけではない。月も風も森の木々もそれぞれの考えや主義主張、あるいはその立場にとらわれてそれぞれの行動を起こしておるのではないわな。

考えてみれば**この宇宙に存在する一切のものが、自然の理法に従って、おのれにとらわれず、それぞれの行動をしておるんや。**

人間も宇宙自然の存在ならば、同じように自然の理法に従って自分にとらわれず考え行動せんといかん。ならば、わしもこだわらず、とらわれず、素直な心になって考えんといかん、行動せんといかん。そう感じて、わしは心がけてきたんや。

素直である

実際のところ、前にも言ったけど、自然の理法は、一切のものを生成発展させる力を持っておるんや。**素直な心になって自然の理法に従っておれば、うまくいく、成功するようになっておる。**

ところが、人間はなかなかそうはいかんな。自分の感情にとらわれたり、立場にとらわれたり、地位や名誉にとらわれたりする。自然の理法になかなか従わん。

しかし、それがかえって自分を悪くする。一人一人のとらわれが、争いになり、つまるところは戦争になる。もともと人間には進歩発展する本質が与えられている。言葉を換えて言えば平和、幸福、繁栄を実現する力が与えられておるんや。

うん？　それは人間の長い歴史の過程を見たら分かるやないか。原始の昔から考えて、まあ、理屈は別として発展の姿やと言えるんやないかな、素直に考えて。それがうまくいかんというのはとらわれるからやと。素直やないからやと。

そうであれば素直でないといかん。素直な心こそが個人の人間を幸せに、また人類に繁栄と平和と幸福をもたらすものであると、わしはそう考えたんや。

だから、わしの言う、素直な心というのは人の言うことになんでもハイハイと答えるということを言っておるんではない。それは本当の素直ではないと。

本当の素直は自然の理法に対して、本来の正しさに対して素直であると、そういうことやな。

自然の理法に従えば、と言うたけどな、それは自然の理法に従っておれば、ただ何もせんでええということではないんや。それは、きみ、分かるやろ。

自然の理法はやるべきこと、なすべきことはやっておるわね。早い話がお日さんはきちっと東から出る。そして西に沈む。春が来て、夏が来て、秋が来て、そして冬が来る。**人間もやるべきこと、なすべきことをしっかりとやれるかどうか。逆になすべからざることは絶対にやらんと。**

そういうことができるかどうかということになってくると、自然の理法に従うというのは、そう易しいことではないわな。

まあ、わしはそういうようなことをみずから考えながら今日までやってきた。宇宙万物自然というものが、わしの先生でもあったわけやな。

わしの経営についての考え方は、経営というひとつの枠の中だけで考えたのではない。わしはいつもその枠を超えて、宇宙とか自然とかそういうものに考えを及ぼし、そこで得られたわしなりの結論を経営に応用したんや。

だから、経営についての考えは、わしの全体の考えの一部であって、全体ではない。みんなわしのことを経営の神様と言うけど、わしが今日まで考え続けてきたのは宇宙のことであり、万物のことであり、自然のことであり、人間のことであるんや、本当はな。

　そういう考えが十分に世間で通用するかということはこれは別や。

　しかし、少なくとも、**わしは自分なりに考えて正しいやろうなと思っておるけど、ともかく、わしは経営をやりながら、常に人間の本質はどういうものか、人間の幸せとは何か。宇宙の本質は何か、自然の理法とは何かということを考えてきた。**天地自然の中に繁栄の原理を探してきた。これがわしのやり方やった。

宇宙根源の力を認識する

前にも言うたけど、庭の左奥に根源《こんげん》さんの小さなお社《やしろ》があるやろ。あれは神様でも仏様でもない。一応はお伊勢さんの内宮《ないぐう》の形をしておるけどな。あれはわしが勝手につくった。あの中にはなんも入っていない。わしの考え方が入っておるだけや。根源という考えが入っておると。

あそこへお客さんを案内すると、必ず、根源さんというのはなんですかと聞かれるな。あそこでいちいち説明せんといかん。それがあの場所では面倒やな。

きみ、案内しておって、やはり聞かれるか？　そやろうな。

どうして根源という考えをわしが持ったかと。それはな、こういうことや。考えてみれば不思議やろ。わしのような、一般的には、なんも恵まれておらなかった者が、一応の成果をあげ得たということ。

きみ、うちの会社の売上金額は、東南アジアの国々の国家予算よりも大きいのやないやろうかなあ。それほどまでに大きくなった。実力のない自分が実に不思議やなあとわしは思ったんや。そやろ。

正直言うと、なぜこうなったのか、それらしい説明は、さっき言うてみせたけどな、本当のところの理由はわしにも、よう分からんのや。しかし、こうなったと。わしの実力があったからではないと。運というか、たまたまこういうふうになったのやないかと。ありがたいと。そう思うんや。

それであるとき考えた。**これは自分をこういうふうに存在させてくれたものに感謝せんといかんと。**誰がわしを存在させたんか。考えたら、それは両親やと。これはわしの両親に感謝せんといかんとそう思った。

しかし、それではわしの両親はどうして存在したのやろうか、とすぐ思った。それはそのまた両親からやと。うん、わしのおじいさん、おばあさんやな。しかし、そのおじいさん、おばあさんたちはどうなのか、というとそのまた両親からということに、当然のこと、なるわね。

それではその両親は、ということで、どんどん考えていったら、ついには人間の、始祖になった。わしははじめての人間から連綿と血がつながっておるということに思いいたった。

わしだけではない。きみもそうや。人間みんな始祖とつながっておる。とすると、**今日わしがこうして存在しておることに対しては、両親やそのまた両親に感謝せんといかんということはもちろんのことやけど、はじめての人間、始祖やな、始祖に感謝せんといかんと。**そう思ったんや。

ところがふと、それではじめての人間はどこから生まれてきたのか、と思ったんや。いろいろ考えたけど、今度はそう簡単に答えは出てこん。ずいぶんとあれやこれやと思い巡らした結果、人間は宇宙の根源から、その根源の持つ力によって生み出されたんやと、うん、突然そうひらめいた。

そうや、宇宙の根源から生まれてきたんや。それは人間だけではない、宇宙万物一切がこの根源から、その力によって生み出されてきたんやと考えた。

実際にそうかどうかは、わしはそのころ生きておったわけやないから、分からんけど、そう考えるほうが便利がいい。

その根源の力にひとつの決まりがある。それが自然の理法というもんやな。そしてその力には宇宙万物すべてを生成発展せしめる力があると。前に自然の理法は生成発展やと言うたのは、こういうことやったんや。

まあ、いずれにしてもそう考えてくると、今日わしがここに存在しておる、その源をたどれば、はじめての人間を通り越して、宇宙の根源までにいたるわけやな。

そうすると、ここに存在している、存在できていることへの感謝の思いは実にこの宇宙の根源に対してでなければならんということになったんや。

きみ、分かるか。それでわしはあのお社をつくった。

そして毎日、朝起きてご先祖さんのお位牌に手を合わせるとともに、このお社の前に来て手を合わせることにしたんや。

うん、きょうここに自分が存在していることへの感謝やな、ありがとうございました、ありがとうございますと、そういうことや。あの根源さんのお社は、わしの宇宙根源に対する感謝表明の場所でもあるわけやな。

また、今日一日、素直な心で過ごそうと誓ってもいる。だから、感謝と誓いの場やな、根源さんに手を合わせとるのは。

あのお社を置いたときには、ずいぶんと大きい感じがしたけどな、周囲の木が大きくなったから、ちょうどようなったな。

まわりの景色に溶けこんで、小さいながら荘厳な雰囲気が出て、エッ？　思わずお賽銭《さいせん》でも？　そりゃ、きみ、いくらでも出してくれてかまへんよ。

しかし、きみも自分がそういう宇宙根源から、そして人間の始祖から連綿とつながっておると思えば、自分の値打ちの重さを感じるやろ。**みんなそう感じて自分の人間としての重さを自覚することが大事やな。**

人間は偉大な存在だと考える

特に人間は偉大な存在やな。いわばこの宇宙においては王者やな。こう言うと、それは不遜《ふそん》やと、傲慢《ごうまん》やと。そう言う人も多いと思うけど、しかし、わしは理屈はよう分からんけど、現実の姿を見れば、明らかに、そういうことが言えるんと違うか。この宇宙の中で人間が一番偉大であると。

そやろ。実際、きみ、人間を殺したりすると罪になり、場合によっては死刑になるけど、犬が人間に殺されたり、猫が交通事故に遭ったとしても、ほとんど罪にならんのはなぜなのか。人間のために木を植え、木を伐《き》っても別に罰せられんのはなぜか。犬や猫、木の立場からすれば、それはけしからんということになる、それでは犬や猫から罰せられるかというと、そうではないやろ。

人間は牛を食べたり、豚を食べたりする。**どうしてそういうことが許されておるのかというと、人間がこの宇宙の中で王者として存在し、君臨しとるからや。**

いわばこの宇宙に存在するすべてのものは、人間の平和、幸福、繁栄のために、そしてそれらを実現するために存在しておると考えられないか、ということやね。

わしが言うておるのは、たびたび言うけど、理屈やない。静かに実際の現象を素直に見て考えれば、そういう結論になるやろ。

そうやない。人間もほかの存在と同じやと。ほかの動物と変わりはないと。植物と変わりはないと。そういうことを言う人もいるかもしれん。というより、そういうふうに考えておる人が多いと思う。

けど、そういうことなら人間はほかの動物を殺しても罪にならんのやから、人間を殺してもけしからんということにはならんがな。

戦争もいいと。人と人が殺し合ってもいいと。そういうことになるわな。そやろ。

しかし、そうではないわな、実際は。それはちゃんと人間が一番偉大な存在だということを認識しておるわけや。

人間は偉大ではないと。罪深い、また小さな存在だと。つまらん存在をそういうように偉大であるということはおかしいと。間違っておると。

そう言うて怒る人もおるやろうけど、わしから言わせれば、そういうふうに考えるのは貧困な考え方であると思うな。

そういうことを考えておるから公害を出したり、自然を破壊したりするんやな。なぜなら、小さい存在でつまらん人間ならば、少々のことを、言い換えれば無謀なことをやっても、それはこの宇宙が、自然がなんとかしてくれる。小さな存在である人間が汚水を流しても大きな自然は、海は浄化してくれると思い込む。

そんな考え方を持ち続けておる限り、この地球は、この宇宙はずんずんと破滅の道を進んで行くことになる。やがて人間はみずからの手で自分の首を絞めるようになるやろう。

大事なことはいま人間がお互いに人間は偉大な存在なんだ、自然の理法に従えば、万物を支配し、宇宙に君臨することができるほどの、大きな力を持っておるんだということを、強く自覚することやね。

もしそういう人間に対する考え方を人類一人一人が持つようになれば、戦争もなくなるし、地球汚染や環境破壊ということもなくなる。

そやろ。きみ、人間はとてつもない力を持っておると。そういうことになれば、みずからの行動がひょっとすると、この宇宙を、この地球を破壊してしまいかねないようなことをするかもしれない。

大きな存在の人間が自然に向かってとる行動は、ひょっとすれば、海を汚し、森林を破壊し、空気を汚染してしまうかもしれない。自然の理法に従っていないと、たいへんなことをしてしまう。当然思いそこにいたるわけや。

ああ、人間は偉大な存在なんだ。相当大きな力を持っておるのだから、みずからの行動もほどほどにせんといかん。それに人間は万物の王者であるから、それなりの自覚と責任をもって、自然万物に相対していかねばならん。王者としての責任を果たさんといかんという気分になる。それが人情やな。

それを人間はつまらん存在だ、罪深い存在だと言われつつ、それで責任ある行動をとれと。そういうことは言われるほうが割に合わんわな。

きみかて、会社で一社員として、社長の責任を果たせと言われても困るわな。それなら私を社長にしてくださいと。

人間がつまらん存在だとするのは、わしからすれば、無責任にするように、自然を破壊し、公害や汚染を出すように、勧めておるようなもんやな。

ここで言うておくけどね、わしは人間の力が偉大だと言ってるけどな、人間は本来善であるとか、悪であるとか、強いとか弱いとか言うておるんやないんやで。

わしは人間は偉大な力があると。その力の発揮の仕方によっては善は大きな善になるし、悪は大きな悪になる。強くもなるし、弱くもなる。けど、とにかくよう切れる包丁やと、それがどう使われるかということが大事だということになるわね。

だからね、人間は偉大である。人間は宇宙の動きに順応しつつ、万物を支配する、そんな力を持っておるんやと。

そういう新しいというか、正しい人間観を人類が確立せんかぎり、人間は平和と幸福と繁栄を手に入れることは不可能やと思うな。

千年、二千年前に考え出された人間観をなお持ち続けておってはどもならんがな。もう耐用年数は終わっとるわね。

人間観を持つ

人間は偉大である、王者であるという見方に立てば、お互いに尊重し合う、敬意を払うということもできるやろ。あなたは立派な方ですと。そうすると相手も、いや、あなたこそ立派な方ですと。な、喧嘩にもならんがな。そうすれば、そう簡単に争ったり殺し合ったり、戦争もせえへんわけやな。

ところが人間というのはつまらんと。小さな存在やと。そう考えれば相手を抹殺しようかと思ったりする。こいつはだめや、つまらん男や、どうも頭が悪い、賢くない。すぐにそう考える。

そしたらこいつをひとつ殴ってやろか、バカにしてやろうか、そう思うようになる。そういうことはわしは絶対にやるべきではないと思う。

ええか、きみ、経営をしておってもそやで。どの人も王者や、という考え方を根底に持っておらんとあかん。そこが大事やで。**社員誰に対しても、ああ、この人はすばらしい存在なんや、偉大な力を持った人なんやと考えんといかんね。**

それをこれはたいした人間ではないとか、きのう入ってきたばかりの、なんも知らん社員やとか、あるいはこれは日ごろから力のない、つまらん人やとか、そういう考えで社員と話をしたらだめやな。むしろ、部下が偉く見える、という気分にならんとな。

それに、人間は王者であると。偉大な存在であると。そう考えれば、そうだ、この人に意見を尋ねてみよう、この人の話を聞いてみようということになるわね。あるいはこの人に仕事を任せてもしっかりとやってくれる、取り組んでくれるということになる。

提案制度も事業部制も単に経営に役立つからという程度の発想では、本当はあかんわけや。こうした人間観にその発想の根底がないとな。深い経営理念にはならんわね。

また、こうした人間観を持たずして信じるとか信頼するということは、ほんまもんではないわね。相手をつまらんと思って、それでその人を信頼するということはないからな。

経営者にとって一番大事なのは、この人間観やな。人間をどう見るか、どうとらえるか、そこをきちっと押さえたうえで経営を進めんと、大きな成功は得られんと思う。すべての経営理念の出発点はここからやで。

きみ、ここはしっかり覚えておかんといかんよ。まあ、**この人間観は経営における第一ボタンやな、早い話が。**な、最初かけ違えると、きちんと服が着れんのと同じじゃがな。

午後三時

人間のための政治を求める

お茶か。うん、ありがとう。もう三時か。

そやな、この庭はわしに縁があったんやな。最初な、ある人から話があってな、見にきたんやけど、少し荒れ果てておったな。

お化け屋敷？　そういう感じもあったな。そのときはわしもあまり気がすすまんかったから、ま、ええと。買わんと。そうしたんやけどな。数年してまた、どうですかと言ってきた。わしはそのとき、この庭はわしに縁があるのかなあと、思ったんや。

そうやろ。わしが断ってからそれまで、いろいろな人に声をかけておったんやろう、当たり前やな。それでも誰も買わなんだ。そして巡り巡って、またわしのところにきた。どうでしょうかと。

それで、そういうことなら買おうと。もう、そのときはいいも悪いもないな。縁だと思ったからな。それで決めたんや。

いまから思えば買うてよかったな。それから、前にも言うたけど多少手を入れたわね。木を入れ替えたり、白砂を入れたりな。まあ、調和のとれた、美しい庭になったな。そやな。絵に描いたような庭やな。

以前、ある有名な画家の先生に、この家に掛ける絵をお願いしたことがあるけど、ここに掛ける絵なら描けませんと。ここでは、どんな絵でもこの庭の景色には負けますと、そう言われたことがあったな。

実際にそやなあ。さすが絵の大家やと思ったわ。

人間は偉大な存在であり、人間は王者であるという考え方は、国の経営においても、大事なことやな。

国民みな王者であると。無限の価値を持った人たちであるというように考えたならば、政治もそっくり変わるわね。そうなると、人間のための政治をせんといかん、国民の幸福のための、人間中心の政治をせんといかん、ということになる。

こうすれば国民のためになるということは分かっているけど、これはもう規則で決められておるからとか、規則をいっぱいつくって、自由な国民の活動を妨げたりする。

それは人々を王者であるというふうには考えておらんからや。評価してへんのやね、本質的に。

いままでは、そういうこともある程度必要であったとわしも思うけど、もういまからは考え方を変えんとな。新しい時代の政治はできんわね。

国民に一所懸命働かせて、そして税金を取る。まあ、国家を維持していく、国民の福祉を維持していくというようなことをせんといかんのだから、ある程度税金は必要ではあるけれど、限度を超えたらあかんな。うん、もう限度やで、日本の税金は。

エッ？　外国とくらべたらあかんがな。

ほかの国ではこうです、だからやるべきです、だからやるべきではないです、というのは、日本のレベルを下げるということになる。そんな発想は、きみ、もう時代遅れやで。

日本としてどうなのか、みずからよしとするやり方は何かを考えんといかん。ビシッと人間に焦点が当たっておらんから、どうも政治にむだが多いわな。

いまの日本の国家経営で考えんといかんことは、二つあるな。

一つは、いまも言うたけど、税金のことや。二つ目は国是というか、国家信念ということやね。

このほかにもいろいろあると思うけどな、この二つは政治の根幹を揺るがす重要な問題や。

日本を、無税国家にする

税金については思い切った発想の転換をせんといかんな。このままではあかんわ。税金も度が過ぎると、一揆《いっき》が起こるよ。

やり方によっては税金は、国民から取らんでも国は経営をすることができるんや。

いや、きみ、ほんまやで。いま税金を考えるときに、まず考えんといかんのは国家予算の制度やね。あれは、きみ、単年度制やろ。予算をその年一年で使い切らんといかんわね。これが実にむだなことをすることになるんや。

とにかく年度末までに予算を使い切らんと、次の予算編成のときに、予算の枠が減らされる、小さくなるから、お役人は、期末にはもうなんでも使い切ろうとする。これがあかんわね。むだなこともする。そやから予算が膨らむ一方や。

それで足らんと。国民に借金しようということで、国債を発行するようになったんやけど、それがもう累計で数百兆円、千兆円となる。さらにこのままずっといったら、国債残高がもっともっと増える。それでなくともこれから予算が膨らむ要因はいくらでもあるんやから、それでもとどまらんということになる。

そこで国家予算の単年度制をやめて、企業がやっておるような会計に変える。そうすれば、年度末に予算を使い切らんでええということになるわね。

むしろ、政治とか行政の効率を上げて、やるべきことはやりながら予算を残したほうがいいということにする。それに成功したところは表彰すると。いまと逆やな。それだけではない。一パーセント残すと。それぞれ一パーセント残せば、全体でも一パーセント残るわな。全体の予算が六十兆円として、その一パーセントといえば、六千億円か。そして毎年その六千億円を残し積み立てていってやね、それを年利六パーセントの複利で運用していくんや。

そうすると百年後には三千二百十二兆円となり、金利だけで、百九十三兆円にもなる。これからは多少は貨幣価値も下がるやろうし、国家予算も膨らむやろうけど、それからは金利だけでも十分に国の予算が組めるようになるがな。

税金はもういりません、払っていただかなくても結構ですということになるな。それだけではなく、場合によっては、金利がよけい入りましたから国民のみなさんに差し上げましょうと、国が国民にその収益を分配する。

税金を払わんでええどころか、国がお金をくれる。きみ、お金を払うより貰うほうが気分ええやろ。

もっとも、きみが受け取るわけにはいかんわね、今からはじめても百年先のことやからな。けど、われわれの子供たち、そしてそのまた子供たちのころにはそうなる。そうなると、汗を流して稼いだお金はみんな自分のものになる。みんな喜んで働き、また人生を充実させる工夫をするよ。

われわれはその恩恵には浴さんけど、そう考えれば愉快なことやないか。どうにもならなくなって考えるより、子孫のために、いまわれわれがこういうことを考えたらいいと、わしは思うけどな。

いわば日本は無税ですと、無税国家ですということになるわね。そしてそれを目指して努力するということになれば、将来に光明を見いだすことができるやろ。

どうなるか分からんという不安を持って生きるより、大丈夫だ、きっとよくなるという思いでもって日々の活動に取り組んだほうが国民の活動も力強いものになるわな。そういう政治をやらんとあかん。

けど、せんのやなあ、政府は。この税金の問題が、政治が根本から取り組まなければならん課題やね。

日本としての方針、国是をつくる

二つ目の国是ということやけどな、国の方針というようなものが日本にはなんもないな。国を永遠に発展させようと願うなら、国としての方針が大事や。そやろ。百メートルの短距離を走るのなら、ゴールも見えるし、だから、スタートのときに、よし、がむしゃらに走ったろうということだけでええけどな、マラソンとなったらそうはいかんやろ。いろいろ方針を立て、対策を考えんといかん。

国としての方針がいらんという人はまあ、短期決戦で国を考えてるようなもんやな。

また、そうした方針がないと、社会はスムーズに進んでいくということは難しいわね。だから、社会全体にむだな動きが多くなる。

いま税金の話をしたけど、そうなれば当然、税金がよけい要ることになるんや。税金を少なくするためにも、国の方針というものは必要やな。

しかし、それはともかく、**これからの日本を考えると、なんとしても方針を立てんといかんね。**いままではまだ、うん、それはあったほうがよかったけど、なくてもよかったかもしれんな。

それはな、太平洋戦争で日本は負けたやろ。で、国民は食べるものも着るものも住む家もなくなった。そこでとにかく食べられるようにせんといかん、寒さをしのげるようにせんといかん。

まあ、そう考えてみんな死にもの狂いで一所懸命働いたんや。誰言うとなく国も国民も経済復興が暗黙の国民的合意になった。別にこれが国是だとか、国の方針だとか鮮明にしたわけやないけど、そうなったと。それは、そういうように、そうなるような条件があったわけやな。

けど、これからは違うわね。みんな豊かになった。そしてみんなそれぞれに考えてそれぞれの行動をするようになった。それはそれでええんやけど、それだけではいかんね。というのは、ばらばらやと。国としてどこに進んで行くのか、分からんと。

まあ、それがいいという人もおるかもしれんが、みんなが自由に考え行動できるけど、国としての方向が定まっておるということが必要になってくる。国としてどんな考え方で何を目指して動いていくのか、進んでいくのか、ということやな。

そういう国の方針があってはじめて国民も力強い活動を展開できるし、無意味なむだを排除していくこともできる。また政治の生産性を高め、国民の生活をさらに物心ともに充実させることができる。そういうことができるようになるんやな。

また国の方針が明確になっておるということによって、海外からの信用とか信頼を得るということも可能になるね。

これからは国際化の時代やから、このことはよう考えんといかん。今のように日本に明確な方針がないとすれば、外国は日本が何を考えておるのか、どんな国なのかよう分からん。

まあ、いままではそんなに大きな国ではなかったから、日本が何を考え、何をやろうが国際社会の中であんまり影響もなかったし、だから外国も関心があまりなかったわな。日本がどんな国でどんな考えを持っておるのか、まあ、どうでもよかったわけや。

しかし、いまは違うがな。非常に大きな国になった。経済を中心に国際社会の中で無視できない存在になってきたわけや。そうなると日本の動きが国際社会の中で注目されるようになった。

ところが外国が日本を見ても、分からんと。どんな考えをしておるのか、どんな動きをしようとしているのか、分からんと。

そういうことでは外国にとって実に不気味であるということになる。なんか分からんけど、めったやたらと強い。

忍者？ うん、忍者みたいなもんや、いまの日本は。そうなれば、誤解も生じるし、不安や恐怖心も生まれるから、外国が日本に対して攻撃的になるわな。それは当然やと。このままだと経済摩擦だけではなくて、さまざまな分野で摩擦が起こるようになるで。

好むと好まざるとにかかわらず国民が納得し、世界中が賛成してくれるような国の方針を早く立てんといかん。それがないと、これから日本がどんな動きをしても批判され非難されるようになるわね。

何か世界のためにお金を出すという場合も、その確固たる方針がなければ、どれだけお金を出しても、非難される。少ないといって叩かれ、多いといって軽蔑される。お金の出し方が早いといって批判され、遅いといって文句を言われる。国際社会への貢献策をとっても、救済策をとっても、いつもぼろくそに言われるわけや。

それはけしからん、といっても、どちらが悪いかと言えば、自分の考えをはっきりと打ち出していない日本が悪いと。そやろ。昔の侍かて、戦《いくさ》をするときにお互いに名を名乗ったがな。自分はこういう者ですと言わんのやから、それは非難もされるし、叩かれもする。当たり前のことやね。

しかし、そういう方針があれば、外国もああ、そうか、ああいう考えでやっておるんだなということが分かるからね、文句も言わんわけや。

あるいは文句を言ってきても、いや、私たち日本はこういう考え方で、こういう世界を築こうと考えて、この政策を選択しているのです、私たちは国際社会にこういう貢献をしたいから、この対応策をとるのです、私たち日本はこういうやり方が世界の平和と幸福と繁栄の実現に役に立つと思うのですが、あなたはどう思いますか、というようなことを、自信をもって主張することができる。

けど、それがいまはないからね、**国の動きにあまり力強いものがないし、政治もなんとなく頼りないということになるわな。**金は出すけど、自分の考えは示さんということでは、軽蔑されるだけや。

これからの日本は風格ある国家を目指さんといかんな。

自分の国のことだけを考えるのではなく、世界のこと、国際社会のこと全体も考え行動する。企業も国民もまた思いやりの心を世界に広げる。自分の言動に責任を持つ。そういう国民にならんといかんね。

まあ、美しい国民にならんと。そのためにもそういう方針をつくって、それに基づいて国として、国民として考え行動するようにせんとね。

新しい政治家を育てる

わしはな、昔はな、政治というものはお上《かみ》というか、政治家やお役人に任せておけばいい、商売人は商売に一所懸命取り組んでおればいいと思っておったんや。戦争前は一般的にもそういう考え方であったな。だから、わしは仕事だけにひたすら打ち込んでおった。

ところが戦争になって、それで軍部に協力せよということで、結果的にはあまり貢献できんかったけど、飛行機とか船とかもつくらされた。わしなりにお国の為やから懸命に努力した。

けど、**戦争に負けたらな、それまでやってきたことがすべて、と言っていいほど、なんもなくなってしまった。**

営々と築き上げてきた会社はがたがたになってしまった。会社を頼りにして働き生活していた人たちも苦しい毎日を送らんといかんようになった。商売人だけではない。すべての国民が政治はお上に任せておけばという、そういう期待が裏切られてしまった。

うん、別にお上だけが悪いと言っておるんやないで。それはまた、国民にも責任がある。**政治はお上に任せればいい。自分たちは自分たちの生業《なりわい》をやっておればいいというように考えた国民にも責任があるわね。**

考えてみれば、家を建てるときに、家はしっかりしたものを建てるべく懸命の工夫努力をするけれど、その家が建つ土台とか土地のこと、場所のことは考えないと。そういうことでは、あかんわね。やはり考える。考えんといかんわけや。

家は頑丈に、少々のことがあっても崩れません、倒れませんというても、土台が崩れたり、土地が沈んだりしたら、これはどうにもならんやろ。それと同じやな。

国民一人一人がそれぞれの仕事を懸命にやり、努力しても、そのよって立っておる社会や国が混迷し混乱したら、もう、それで個人の生活はおしまいやと。会社も成り立っていかんわけや。

そこで、これではいかんと。これでは国民一人一人の汗と涙がむだになると。自分の仕事だけをやっておればいいということではあかん。商売は商売、政治は政治というように考えておってはいかんと思ったんや。

これからは右手にソロバン、左手に政治、というようでなければならん。そういう考え方は敗戦ではっきりと気づいたな。

それから政治に強い関心を持って見てきたんやけど、まあ、頼りないわね、政治は。経営の観点からすれば、どうにも理解できない考えや動きをする。何が正しいかも考えん。何が国民の喜びにつながるのか考えん。国家国民のことを考えるより、自分の名誉や立場にとらわれる。金に執着する。だから金で政治が動いたりする。

こんなことを、もし経営でしておったら、一時的にはともかく、少し長い目で見れば、すぐに会社はだめになる。けど、国は倒産せえへん。親方日の丸やから、そういうことを平気でしておる。国民の税金をむだにしてもなんとも思わん。

まあ、そういう政治家の人たちばかりではないかもしれんが、これでは日本はこれから心配やな。これから日本をどうすべきか。世界にどう関わり貢献していくか。その政治哲学は何か。人間をどう考えとらえるべきか。

そういう考えをきちんと確立し、その考えに基づいて力強く活動をする政治家が非常に少ないな。国家国民の前に自分があるということでは、政治家としてこれは失格や。

それで、なんとかせんといかん、わしなりになんとかしたいと思いあまって、まあ、好ましい政治家を養成しようと、松下政経塾をつくったんやけどな。あれは十数年考え続けたな。いろいろ反対する人もおったけど、最終的には多くの人から賛成してもらった。まあ、それだけ政治の現状を理解してきたんやろうな。

政経塾の塾生たちには、自分の名誉や虚栄を求める政治家にはなってもらいたくな

い。本当に国家国民や世界人類の平和と幸福と繁栄を心から考える、一片の私心もない、素直な心を持った政治家になってほしいと願っておるんやけどな。

この塾を五年制にしたのはな、塾生たちに、人間観を確立させようと思ったからや。人間をどうとらえるか。これが、特に政治の出発点やな。そうやろ。

政治は国家国民、世界人類の幸せを実現せんといかん。そういう貴《とうと》い使命があるんや。だとすれば、人間をどう認識するか、人間の本質は何かということを、まず自分のものにしておかんといかんわね。人間が分からんでは、正しい政治ができん。

自分なりの人間観がなければ、政治を力強く進めることはできん。早い話が、羊飼いが羊の特質や性質を理解することなしに、羊を飼うことができんのと同じことや。

であるとすれば、**将来の政治家を養成するとするならば、この人間観をしっかりと身につけてもらわんといかん。これからの新しい人間観を自分のものにしてもらう。**

そこから出発して政治に取り組んでほしいと、そう考えたんや。

けれども、人間観を、しかもいままでの人間観ではない、まったく新しい人間観をただ理解するのではなく、からだで覚えてもらおうと。それは並大抵のことではないな。

であるとすればやな、五年はかかると。五年でも少ないかもしれんが、とにかく一所懸命努力してもらって、五年で身につけてもらう。まあ、そういうことであったんやけど、**塾生はどこまでそのことを理解しておるかな。**

日本と世界の平和と幸福と繁栄に貢献する、本物の政治家が続々とこの政経塾から出てきて欲しい、これがわしの夢のひとつやな。

しかし、本当はな、いまの政治の姿を見ておると、もっと早くつくっておけばよかった、松下政経塾では間に合わんかもしれんと、少し心配しとるんや。

明日から今日を考える

ああやって植木屋さんたちが草を抜いておるやろ。雑草やな。枝も切っておる。こういう姿を見ても、人間は王者と言えるわね。人間が自分の判断で決めておるわけや。しかし、それだけに人間はその自覚と責任を強く考えんといかんね。雑草一本抜くにしても、枝一本切るにしても、王者としてその行為が正しいのかどうか、許されるかどうか考える必要があるな。

殺生《せっしょう》という言葉があるけど、殺生したらあかんというのは、なんも殺したらあかんということではない。

そんなこと言うたら、何も生きていくことはできんがな。そうではなくて、必要以上に殺したらいかん、範囲を超えて殺したらいかん、そういうことや。必要な範囲を超えることが殺生やと。無意味に殺すことが殺生やな。

人間にとって必要な範囲において、それぞれが持っておる特質を活用するということは、殺生ではない。むしろそのものを生かすということになると。だから、まだ使えるのに使わん、捨てるというようなことは、殺生ということやな。もったいないという言葉があるけれど、殺生という意味やね。

まあ、人間に対する見方と殺生についての考え方が従来通りの考え方だと、これから自然や地球は壊される一方やな。植木屋さんたちも、なかなか熱心に仕事、続けてるなあ。何時までやるんかな。ほんま、根気のいる仕事や。

経営を進めていくのに、経営者はいつも将来というものが頭の中にないといかんね。五年後にはどうなるか、あるいは十年後にはどうなるか、あるいはな、こうしたい、ああしたいというものがないとな。

そして、その上でいまどうしたらいいのかを考える。将来から現在を考える。こういう発想が経営者としての発想というもんや。

将来のことを考えれば、これはやらんといかん、あれもやらんといかんということになるわね。そういうことになれば、それをやると。けど、どれも簡単にやれるものばかりであればええけどな、実行するのが非常に困難であると。なかなかできませんというものもある。

しかし、できないからやりません、というようなことを言っておったら、その目標を実現することはできんわけや。

なんとしても目標を実現したいと願うならば、そのできんことでも、なんとかできるように考える。できんけど、できるようにするためには、どうしたらいいのかを考える。そして断固やると。それを解決する知恵を出し、努力をせんといかんわけやな。

そんなことはできませんと言えば、それで、おしまいということになるわな。しかし、そうであれば、目標は達成されんし、経営は成り立っていかん。そやろ。

経営はもともと簡単ではないんや。できんからやらんと言っておっては、経営は成り立たんのや。

五年後に経営の規模を五倍にしたいと。五倍にするためには、たとえばこういうことをせんといかん、ああいうことをせんといかん。

しかし、それが非常に困難であると。それならばやめよう、できませんということであれば、その目標は為し遂げられんわけやな。

あるいは、このままでは倒産すると。このままでは会社は潰《つぶ》れると。だから、倒産させないためには、こういうことをしないといけません、こういう手を打たんとだめですという場合に、それは困難です、そんなことはできませんと、そういうことを言うても、きみ、意味のないことやろ。

このままでは、会社の立て直しはできない、できないけれど、できるようにする。最後までできるという工夫をしていく。それが経営というものや。

会社はいまのままではだめになりますと、賢そうに分析してみせる。それは評論家の先生ならそれでええわけやけど、経営者はそれではあかんわな。発展させせんといかんものは、発展させせんといかん。

だから、経営者は常に将来を考えて、そして現在をどうするか、いまどのような手を打つのか、そういうことを考えんといかんな。それがいかに困難であろうと、苦しくとも取り組むと。それを、いまを考えてから将来を考える。それではあかんわな。

現在を考えてその延長線上に将来を考えるというようなことでは、経営者としてはあまりええ経営者とは言えんよ。

叱り叱られのコツを知る

えっ？　わしが叱るときか？　叱り方がうまい？　そんなことないで。わしが部下を叱るときには、いろいろ考えて叱るということはないな。とにかく叱らんといかんから叱るわけで、あとのことを考えたり、このときはこういう叱り方をしようとか、そんなこと考えて叱るということはないな。

そんな不純な、叱り方はせんよ。**私心なく一所懸命叱る。これが部下のためにも組織全体のためにもなると思うから、命懸けで叱る。**

うん？　きみも叱られたときがある？　そうか？　それは結構や。

けどな、叱るということは、正直、あんまり気分のええもんではないわな。叱られるほうはなおさらのことかもしれんけどな。

叱るということはその部下に期待しとるからやというところもあるが、叱ったあと、言葉が過ぎたかなと思うときもあるし、ああいう言い方でよかったのかなと思うときもあるし、本当に分かってくれたんやろうかと案じたりするな。

いろいろな思いが心の中を駆け巡るわけや。**叱ったわしのほうが夜寝れんこともたびたびある。四、五日ずっと心に残ることもある。**

叱るほうはいいですねとか、言いたいことを言えていいですねとか思う人もおるだろうけど、叱ったあとは、いつでも辛《つら》く悲しいもんやで。

えっ？　そういうわしの気持ちが、部下からすればきつく叱られながらそのあと、何かしら柔らかさを感じるのかってか？　それはわしには分からんわ。きみ、わしに叱られた人のところへ行って聞いてみてくれや。ようけおるやろ。きみの経験ではどうかな。

叱るときには、本気で叱らんと部下はかわいそうやで。策でもって叱ってはあかんよ。けど、いつでも人間は誰でも偉大な存在であるという考えを根底に持っておらんとね。

けど、**叱られる部下を見ておると、叱られるのがうまいのと、下手なのとがおるなあ。**叱って、分かりましたと。いろいろ言い訳する者は論外としても、分かりました、ということでその場は終わるとして、そのあとが大事であるわけや。

叱られた者は叱られたことで精いっぱいかもしれんが、いまも言ったけどな、叱ったほうもそれ以上に思い悩んでおる場合もあるわけや。いわば、抜いた刀をどうやって納めようかと。

そんなときに、その部下がすぐにまたやってきて、さきほどのことはよく分かりました。これから十分に気をつけますので、どうぞお許しください、と言うと、こっちのほうも思い悩んでいるところであるから、ああ、あの叱り方でよかったな、あの叱り方で分かってくれたんだな、ということになる。

内心、ほっとして、やあ、分かればそれでいい、これからもがんばるように、というようなことになる。刀がそこで鞘《さや》に納められる。

叱ったほうも一区切りついたという気分になると同時に、なかなかいい部下だなと思う。また、かえってそういう部下が可愛くなる。人情やな、それが。

分からんのに分かりましたと言ってくる者はあかんけど、分かったら、そういう態度をとるとええわけや。

ところが、それをなかなかやらんね。叱られたから行きにくい、行けないということもあるかもしれんが、もう行かない。そうすると、その上司とだんだんと距離ができて、ついにはあまりいい関係にならんようになる。

叱られっぱなしにしておくと、心がお互いに遠のいてしまうわけや。叱り叱られたことを早く終結させることやな。分かったら分かったと、そして詫びると。これが叱られながらも結局は評価されるひとつの方法やな。

まあ、**叱られ上手は叱られたことに、いやな余韻を残さん工夫をする人やな。**

運が九〇パーセントと知る

おっ？　きみ、あそこ、見てみい。芝生のところ。鳥が飛んできたよ。なんの鳥やろ。時折こうしていろいろな鳥が飛んでくるけど、ここは近くに東山があるし、このあたり一帯、木をたくさん植えた庭が多いから、特に鳥も集まってくるんやろうな。可愛いもんやな。

昔な、日本が戦争に負けた直後、前にも言うたけど、食べるものはなんもない。みんな飢えの姿やな。相当悲惨な状態であった。

配給で食糧は配られたけれど、その配給そのものがとても生きていくに十分な量ではないんや。その配給を受けておるだけでやっておったら、生きていくことができん。

飢え死にしかない。

実際にある判事さんが、わたしは法律を断固守ります、断じて不法なヤミ取り引きはやりません、と言うて、それで栄養失調で亡くなってしまったほどや。

国民ほとんどみんなが内緒で、やってはいかんとされていたヤミ取り引きをした。自分の家にある物を農家に持って行って食糧と換えてもらう。そういうことをやった。それでやっとの思いで、わずかばかりの食糧を手に入れて飢えをしのいでいたんや。

ところが人間がそういう状態で、食べるものもない、生きていくにも苦しいときに、鳥はどうかというと、栄養失調はしておらんわけや。


ある猟師の人の話やったかな。その人の話によると、当時数多くの鳥を捕って料理してみたが、いずれも栄養十分で、まるまる太っておるということや。

人間が飢えで困窮しておる、そのときに、鳥は見るからに喜々としてたわむれ楽しみ、栄養も十分にとっている。人間には鳥にも優る知恵才覚がありながら、いったいどうしたことなのか。なぜなのか。**それは、おそらく自然に従い、自然の理に則した営みを人間は正しくしていないからではないだろうか。**

ひるがえって鳥はきわめて素直に自然の摂理に、自然の理法に従って生きておる。生きておるからこそ、豊かで楽しい生活をすることができる。

人間も自然の理法に従って生きるならば、きっと繁栄と平和と幸福を手に入れることができるんやないか、そうだ、人間もみずからの小ざかしい知恵才覚にとらわれず、素直な心で自然の中に繁栄の原理を求め、それに従って生きていく工夫努力をすべきだと、そんなことを考えたことがあったな。鳥に教えられたわけやな。

うん、いまもそういうふうに、わしは思っておるけどな。われわれは自然の理法の研究と人間の本質の研究をもっとやらんといかんね。あそこで遊んでおる鳥たちも自然の理法の中で悠々と生きておるんやろ。

これもふっといま思ったんやけどな、今日までの自分を考えてみると、やはり、九〇パーセントが運命やな。運やな。

日本人として生まれたのも、この時代に生まれたのも、わしの意思ではない、たまたま偶然に生まれてきた。生まれた家も、環境も、いわば運命や。わしが決めたものではない。

この仕事をやるにしても、わしがもし大阪でない別のところにいたらどうであったか。電車を見ることもなかったから、電気の仕事をやろうと、ひらめくこともなかったやろうな。たまたま大阪の街に出ておった。

特にとりたてて力のない平凡なわしが、一応仕事だけでも成功したということを思えば、なおさらのことやな。

そういうことを考えてみると、**人間はほとんどが運命やとつくづく感じるな。そういう幸運に、そういう運命にわしは心から感謝をしておるよ。**ありがたいことだと。

もっとも、わしのこういう考えに反対する人もおるやろうけど、その人はその人でええわけや。なかなか力強い人であると。人間には運はない。すべてがその人の力であると。実力であり、努力が人生のすべてを切り開くんやと考える人もおるやろう。まあ、そこまでなくとも努力が大きいと、運命は小さいと、そう考える人もおるやろうな。

けどな、そう考えるとすれば、人間は努力すれば必ず成功するということになるんと違うやろうか。

しかし、**実際は決してそういうことではないわね。人生、すべておのれの意のままに動かせるということはない。**

それはひとつの運命をそれぞれ担っておるからやな。成功するためには努力しなさいという。けど、努力したと、一所懸命努力したと、あの人と同じように努力したと。けど、あの人は成功したけど、自分は失敗したと。そういう場合もあるな。

それは、努力が足らんかったとは言い切れんことがある。ひとつの運命として考えんといかんわけや。

しかし、それならば、努力せんでいいのか、汗を流さんでいいのかということになるけどな、また、これも間違いやな。

わしは運命が一〇〇パーセントと言うてはおらん。決してそうではないのであって、九〇パーセントやと。**ということは残りの一〇パーセントが人間にとっては大切だということになる。**いわば、自分に与えられた人生を自分なりに完成させるか、させないかという、大事な要素なんだということや。

ほとんどは運命によって定められているけれど、肝心なところはひょっとしたら、人間に任せられているのかもしれん。

たとえば船があって、自分が大きい船か、それとも小さい船か、それはそれぞれの人にとってひとつの運命かもしれんが、肝心の舵《かじ》のところは人間に任せられておると。無事その船が大海を渡り、目指す港に着くことができるかどうか。残りの一〇パーセントがその舵の部分であるということやな。

タカがスズメになろうとしても、スズメがタカになろうとしても、それは運命であって、変えることはできんな。そこは見極めんといかん。

けど、タカはタカなりに、スズメはスズメなりに一所懸命に生きる、懸命に努力はせんといかんな。そこにそれぞれが成功する道も開けてくる。運命と努力というものはそういうものやな。

だから、**運命が、運が九〇パーセントだから努力せんでいいということにはならんね。そして努力したから必ず成功すると考えてもあかんよ。**

しかし成功するには必ず努力が必要なんや。そういうようなことを、きみ、理解しておれば、自分に与えられた人生を謙虚に受け入れ、かつ力強く歩いて行くことができるよ。人生は傲慢《ごうまん》になったらあかん。

努力が大事である

努力ということで、もう少し話を続けるけどな、**人間はまずとにかく努力をする、こつこつ努力を積み重ねていくことが基本であり、大事なことやな。**汗を流す。それを先行させることや。

以前、どこかの会社の経営者が、知恵ある者は知恵を出せ、知恵なき者は汗を出せ、それもできない者は去れ、というようなことを、社員の人たちに言っておったけどな、そういうことを言っておっては、あかんと、潰れると、わしはそういうように感じておった。案の定それから数年したらやはり倒産してしまった。

どうしてわしがそういうように感じたかというと、本当は、まず汗を出せ、汗の中から知恵を出せ、それができない者は去れ、と、こう言わんといかんのや。まず汗を出せと。知恵があってもまず汗を出しなさいと。本当の知恵はその汗の中から生まれてくるものですよ、ということやな。

汗を流し、涙を流し、努力に努力を重ねるうちに、ほんまもんの知恵というものが湧いてくる。身についてくるんや。

もともと知恵のある人でも、その人の知恵がそのまま世の中に通用できるかといえば、それは難しい。たとえ最初から知恵のある人でも、その知恵を社会の波で揉《も》んだほうがいい。

だからまず汗を流し努力することを勧めんといかんのに、最初に知恵を出せという。そうすれば若い人たちは机の前に座って、とにかく知恵を出そうとする。当然のことやね。けど、**そんな知恵は社会の波に揉まれておらんから、ほんまもんではない。**

そんなことを責任者が言っておってはあかんがな。努力というのは古くさいという人がおったら、それはそれでいい。しかし、実際仕事には努力するということが大事だということは人生が分からんものには、分からんやろう。

これからの時代は、複雑な分かりにくい時代やろうな。それに時代の移り変わりも速いしな。もうどのように考えたらいいのか、わしにもよう分からんね。そういう時代の流れの中で経営者にはどのような条件が求められるか。うん、そうやなあ、まず、時代の先を読む力が、そのひとつやろうな。

経営者は常に明日を考えておるわけや。いままではいいと。しかし、これからだと。常に明日が不安なわけやな。

いまは決して社会の外に企業が存在することはできん。時代の外で生きていくこともできん。であるから、昔のように会社の中だけしっかり見ておるだけでも、曲がりなりにも経営のできた時代と違う。

いまは会社の内も外もしっかりと目を凝らし、できるだけ先を読んで、できるだけ早めに態勢を整えるということが大事になってきたわね。将来の読み方でがらりと会社を取り巻く環境が変わってしまって、事態が行き詰まるということにもなる。

そうなると、**これからの経営者に求められるのは、時代の流れ、そしてその先を読**

めるかどうかということやな。

どうして読むか。それはな、学者になったらあかんね。その時代の流れの中に入ってしまったら、見誤ることになる。

ひとつひとつのことを、あたかも学者のように精緻《せいち》に知らなくてもいいんや。できるだけ気分を上のほうに持って行って、そこから時代の流れを見つめるというふうにすればいい。学者先生の言うことは参考にする。しかし、とらわれず、素直な心で上から眺める気分でおると、よう分かるもんや。

あまり細かくなるとそれにとらわれて、全体の流れが読めなくなるね。上から、そう、目を細めるような、むしろ、あまり細かいものは見んほうがええんや。そうしてひとつの流れを読み取っていく。

それですぐに読み取れるようになるかというと、なかなか難しいよ。けどな、そういう心持ちでなんどもなんどもやっておれば、自然に身に付くようになるんやないかな。

決断は正しく速くする

それから次の条件は決断する力を持っておることやな。

前にも言うたけどな、いまの時代は超複雑、超高速な社会であるわけや。ひとつの出来事があっという間に過ぎ去ってしまう。**こういう時代に、ある問題に対して決断をせんかったら、すぐに混乱してしまって、どうにもならなくなるな。**右にするか左にするか、決断せんかったら部下は動きがとれんもんな。事が前に進まんがな。

しかも、その決断が速くないといかん。

きみ、技術の進歩ひとつとっても驚くべき速さや。たとえば電卓な、あれは昭和三十九年（一九六四年）にある会社が五十三万五千円で売り出したんや。それが二十数年たったら、いくらになっておるかといえば、性能がさらによくなっていながらたった千円や。五百三十五分の一になっておる。これを単純に計算すると、だいたい二週間で一回ずつ値段が下がってきたことになる。おそるべき技術の速さやな。

技術だけではない、世の中の移り変わりも時代の変化も、誰も予測できんような速さでどんどんと変わっていっておるな。そういう中で勇気をもって決断をせんといかんわけやな。

ひとつの問題が起こって、さあ、どうしようかなと、腕を組んで暫《しば》し考えておるというようなことでは、これからの競争には勝てんな。決断できるか、しかも速くということが二つ目の条件であるということやな。

それからどれだけ知恵を集められるか、情報を集める力があるかどうかということやろうな。

今日は知恵の溢《あふ》れている時代やね。こんなに知恵が世の中に溢れたときはなかった。だから知恵を集めた者が強いわな。しかもいい情報を集められるかということ、これが難しいな。

そのためにも前にも言った通り、経営者に知恵を集める姿勢と心構えがないといかんね。衆知を集めるということや。しかも集めるだけではいかんし、いい情報を見分けるだけでもあかんな。

それらのいい知恵をいかに組み合わせてさらに新しい、いい知恵を生み出すか。あるいはそれらの知恵を、うん、情報やな、情報をもとにして、新しい独創的な知恵を生み出すか、いわば創造力というもののもないといかんな。そうでなければ、いかにいい知恵でもやな、それはこういう速い時代ではそのときに既に古い、陳腐化した知恵というか、情報になっておるからや。

情報を集める力を持っておるか、いい情報を見分ける力を持っておるか、さらには、情報を組み立てて新しい、独創的な知恵を創り出すことができるか、そういうことが求められるわね、これからの経営者にはな。

経営者は迅速である

次に経営者にとって必要なことは、そやな、行動力ということやろうな。

こんなに目まぐるしく移り変わる時代の中で、経営者の一番の競争相手は、ライバルの同業他社ではなくて、時間やな。時間と競争ということになる。いかに速く行動するか、できるかということが勝負の別れ道になってくるわな。

昔のように、時間がゆっくりと流れておるときには、たとえ行動的でなくても、たとえば、腕組みして、どうかいな、などと思案しながらひとつの問題に悠々と対応できた。だから一日、二日、いや、十日や二十日ほど遅れて動き出して、それからよその会社を追いかけても、まだ十分に間に合うといった時代であったと思う。

けどいまの時代はそうではないな。瞬《まばた》きしたら世の中、変わっとるがな。

いままでの赤い世界が青の世界になっとる。緩慢な行動をしておったら、他社に負けるというよりも前に、時間に間に合わなくなる。だからな、自分の部屋があって、大きな椅子に腰かけて、ゆっくりたばこを吸って、いかにも悠然としておるようでは、これからの経営者とは言えんな。

尻が軽いという言葉があるやろ。あんまり品のいい言葉ではないけどね。けどこれからの経営者はお尻が軽くないといかんのや。何かあったら、さっと動く。行動できる。そうでないとあかんで。

次に必要なことは、体力というか健康であるということやろうな。

これからの経営は時代の流れに合わせようとすれば、当然激しい動きになるし、また激しい動きをするような会社でないとあかんけど、そうであるとすれば、**そうした会社の動きに即応できるような、体力があり、健康がないと、これからの経営者には向いておらんわね。**

経営者は自分一人の健康ではないわけや。その経営者によって経営が混乱することもある。そのことをしっかりと心がけておかんといかん。適当に体力を作る、そんな努力もせんといかん。

しかし、にもかかわらず、からだを無理する経営者が多いようやな。それが仕事のことでならまだしも、夜遅くまで接待とか付き合いとか、まあ、ほどほどの付き合いというものも必要やけど、そういうことが過ぎて、からだをこわす。そういうことでは、いかんわな。

休みの日もゴルフとかな、それも健康のために必要なのかもしれんが、かえってからだをだめにすることもあるようや。仕事で命を落とすのは、まだええけどな、そんなことで命を捨てるとすれば、武士とは言えんわけや。

まあ、会社のため、と言うと、きみら、なんか抵抗があるかもしれんが、社員のため、また、多くのお客様のため健康に十分に注意せんといかんな。

それから、これからの経営者には夢があるかどうか、明確な理想を持っておるかどうかということやな。

これについては前にも言うたけどな、人間は夢なり理想なりがあってはじめて、それに向かっての自己向上がはじまるもんや。また希望をもって力強く日々を歩むことができるんやね。それがないと人間としても魅力が出てこんのや。

大将が夢を持っておる。なんとか実現しようということで熱心にやっておると、部下の人たちも明るい気分になってくる。自分たちも一緒になってその夢を追いかけよう、とそういうことになって、会社の中も明るくなり、一段と力強さを増し、大いに発展する。まあ、そういうことになるな。

夢がない、理想がない、そういうような状態で経営を進めるのは、提灯を持たずに、夜道を歩くようなもんやな。

誠実である

最後に**これからの経営者にとって大事なことは、なんといっても人柄やな。**結局はこれに尽きると言っても構わんほどや。経営者としての資質の基本はこれやからね。何も経営者に限らずこういうことは言えるけど、特に指導者にはこのことが強く望まれる。どんなことが必要かというと、まず、温かい心というか、思いやりの心を持っておるかどうかということやね。

人間みんな寄り合って生きておる。社員みんなが力を合わせて仕事に取り組んでおる。助け合って心を合わせて一所懸命仕事に取り組んでおるんやから、そういうことに対しての感謝の思いが経営者にあれば、おのずから社員の人たち、部下の人たちに思いやりの心が出てくるわな、自然に。ああ、ありがたいと。感謝の念と、だからできるかぎり部下のことを思いやる、心配りをする。そうでないといかんわな。部下だけではない。どんな人に対しても温かい思いを持つ、心配りをする。うん、できるかどうか、せんといかんわけや。まず、そういう人柄でないといかんね。

それから、誠実でないとな。

物事を真面目に考える。一所懸命考える。そしてそれに取り組む。他人にはとやかく言うけれど、自分はせんと。いいことを言うけれど、自分は実行せんと。人前では真面目にやるけれど、陰では手を抜くと。そういうことでは誠実とは言えんやろ。けじめもつけん。これもあかんわね。誠実ではないな。**時間は守らん。公私のけじめはつけん。それでいていかに自分を偉そうに見せるかということに腐心する。こういう経営者が案外、きみ、多いんやで。**

それから経営者の人柄として、堂々としておるということも大事なことやな。

部下に責任を押し付ける。いやな仕事は部下にやらせる。そういうことでは立派な経営者とは言えんね。

これからの時代は複雑な時代や。部下がやる仕事も時として、というより、往々にしてうまくいかんことが多くなる。部下の失敗をわが失敗として堂々と責任をとっていく。**度胸を決めて、よっしゃ、わしに任せておけ。心配するな。あとは引き受けてやる、というぐらいのことが言えるようでないとな。**

卑屈《ひくつ》にならんと。謙虚である必要はあるけれど、人間として卑屈ではあかん。一国一城の主として堂々と相手と相対するということが大事やで。

そういう堂々とした経営者の姿勢を見て社員の人たちも、よし、おれたちもしっかり胸を張って仕事に取り組もうということになる。北風に向かって、常に凜《りん》としておらんといかんのや、経営者は。

それからな、もうひとつ、付け加えれば、経営者は素直でないといかんということやな。

これはもう何回も、きょう、きみに話しておるからな、話せんでもええと思うけどな。けど、極論すれば、この素直な心をもし完全に身につけておれば、いままでわしが言うてきたことは、なんもいらんとも言えるわけや。そやろ。

素直な心であれば、何が正しいか、何をしなければならないのか、それが分かるわけやから、この素直な心を身につけることに成功するならば、もうこれだけで十分だと言える。それほどのもんやね。

まあ、これからの経営者は哲学があって、知恵も出し、迅速に動き、人柄もよくないといかんということになるから、たいへんやで。いわば活動する哲人ということやな。たいへんやけど、経営者の立場に立った人はこういうことを心がけ、できるだけこういう条件に近づくよう、努力せんといかんわね。それがかなわん、たいへんやというならば、みずから経営者を辞退せんとあかんわ。

うん？　きみ、自信がない？　そう思うなら、経営者にならんほうがええで。もっともわしもこれからの経営者であれば、あまりやりたい仕事ではないかもしれんな。

一商人としての心がけを持つ

池の鯉もよう泳ぎ回るようになったな。ついこないだまでは、水が冷たいせいもあるんやろうけど、あまり冬の間は動かんな。ようけ泳いでおるけど、うん？　なん匹おるのか、わしは勘定したことないから知らんで。百匹ぐらいはおるんかいな。貰ったものもあるけど、あまりたいしたもんはおらんようやな。

それでもああして鯉が泳いでおる景色は、それなりにええもんや。

あの池に一度、舟を浮かべようということで、舟、造ったことあったなあ。あれ、どうしたかなあ？

最初造ったけど少し長過ぎるというか、大き過ぎてな、これぐらいの池の大きさには合わんわけや。それで少し後ろを短くしてもらおうと。あれ、切ってもらったわな。

それで浮かべたら、きみ、こんどはまるでお椀や。

まあ、とにかく乗ってみようかと、乗ってみたけど、舟を漕いだこともないし、おまけにそんな形になってしもうたから、櫓でどないやっても、同じところをグルグル回るだけや。舟もかっこ悪いし、わしもかっこ悪い。大笑いやったな。

その舟、えっ？　物置にしまってある？　どうもならんな。

会社がいかに大をなすとも、常に一商人の心を忘れず、というようなことを、昔、言ったことがあるけど、実際にこういうことは大事やね。

商売をはじめたころは、誰でもそうやけどな、もう必死やからな。いっとう最初の製品が売れたときの感激は、言うに言えんほどのもんや。売れるか売れんかわからん。どやろうか。胸も高鳴るわね。

そういうときに、うん、買うてあげようということで、お客さんがおいでになる。ああ、ありがたいと。その商品を手渡しするのも、また代金を受け取るのも、手が震えるほどや。店を出て行かれるそのお客さんの後ろ姿に思わず手を合わす。ほんま、ありがとうございましたと、お客さんの姿が見えなくなっても頭を繰り返し下げる。それが商売の原点やな。商人としての本当の姿、心というものや。

けどな、そういうことで店もだんだんとうまくいく。発展する。**あしたはどうなるかと一日一日心配もし、案じていたものが、やがて大きなお店になる、会社になってくると、次第にそういう最初の感激、商人としての本当の心というものを忘れてくる。**

そうなってくると、お客様が自分のところの商品を買うてくださるのは当たり前というような、まあ、こういう気持ちをはっきり持つということはあまりないやろうけど、無意識のうちにそういう態度になるんやね。

大きなお店になって、あるいは大きな会社になって多少なりとも大勢の方々が自分たちのお店を、会社を評価してくださるようになるとそういうことになる。

これはあかんね。いつもいつも最初の商品が売れたときの、そのときの気持ち、感激、心やな、そういうものを忘れたらあかん。

初心忘れずという言葉があるけどな。ところがそういうことが、なかなかできんのやな。

経営者も社員もだんだんと態度が横柄《おうへい》になる、連絡しても報告しても、あるいは依頼をしても、なかなか返事が来ん。回答も来ない。結論も出ない。

で、まだですかと。すると、それは課長のところでいま検討しておるという。それでは、お願いしてもう一か月も経っておるのに、最終的に結論が出るのはいつごろになるのでしょうかと尋ねると、さあ、あと三か月はかかるだろうという。そんなんでは困りますというと、それならうちはあんたのところのような小さいところと付き合う必要もないから、お付き合いはやめましょうかと言う。

こういう傾向が会社や店が大きくなると出てくるんやな。これをなんとかせんと、もう会社も店も生き生きとした活動ができにくくなる。

会社の中に不安定な部分を創る

そこで、それではどうすればいいかということになるけどな。やり方はいろいろあるやろうけど、**とにかく会社の中に不安定な部分をどうやって創り出していくかということやね。**

こういうことを言うと非常に奇妙に思うかもしれんが、大きな会社になって一番問題なのは安定しすぎるということや。

少々むだなことをやっても大丈夫だ。少しぐらいのんびりしても構わん。前にも言ったように連絡も報告も、そう急ぐ必要もない。態度も大きくなる。

そういうことがどうして出てくるかというと、会社なりお店なりが大きくなって少々のことでは潰れんと。大丈夫だと。経営者も社員一人一人もそう無意識のうちに考えるようになる。

ああ、危ないと。ひょっとしたら潰れるかもしれん。経営が難しくなるかもしれん。自分のちょっとした行動が、判断が、会社やお店全体に好ましからざる事態をもたらすかもしれんというように考えられればいいんやけど、会社が大きくなると、なかなかそういうふうにはいかんのやな。

これが一面人情と言えば言えんこともないけど、これがいわゆる大企業病ということになるわな。態度も横柄になる。結論もなかなか出さない。そういうことになるんやな、どうしてもね。

そこで不安定な要素を創らんといかん、ということになるんや。**安定してるけど安定させない。それが大企業病を克服するひとつの方法であるわけやな。**これに成功するかどうかということ。

以前、ある人から聞いた話やけど、ロボットな、あれはいま日本で盛んに作られ、使われておるけどな、あれ、人間そっくりなものはまったくないやろ。人間の上の部分というか、手と胴の部分を備えたロボットと、下の部分の、まあ、足やな、そのロボットのふたつに分かれて、ひとつの、人間のような形をしたロボットは、きみ、見たことがないやろ。それはどうしてかというと、そういうロボットはいまのところできんそうや。

それは重心に関係があるらしい。人間の重心はおなかにある。ところがそれは力学的に言うと、不安定だというんや。それはそうやな。重心が真ん中にあるんやから、不安定といえば不安定やわな。一番の安定は足やわな。足に重心があれば、これは絶対に転ばんわな。

だから絶対に安定させようとするならば、重心は足に持ってこんといかんということになる。

ところがそうすると、からだ全体の自由がきかなくなるそうや。走ることもできん。跳ぶこともできん。そりゃそうやな、足に重心があるんやから、重たくてそんなことはできんわな。不自由というわけや。

ところが人間の重心はおなかにある。不安定なところにあるがゆえに、今度は跳ぶこともできるし、走ることもできる。その不安定なところ舞うことができるというわけや。これやな。適度の不安定さの中にこそ自由があるということや。

自由というものは完全な安定の中には存在しない。ということはどういうことかと言うと、あんまり安定してしまったら、自由が失われるということやな。

ところが、企業の努力目標は大きくなろう、発展しよう、それは少々のことがあっても会社が揺るがない、微動だにしない、絶対的な安定を求めてのことであるわけやな。すなわち、限りなく絶対的安定への努力ということになる。

しかし、そのことはいままで言うてきたように、奇妙なことやけど、不自由になろう、会社の活動を活発にしないようにしようということになるわけや。いや、別にそういうことを望んでおるということではないで。むしろ、そうならんように願い心がけるんやけど、結果として知らず知らずそういうことになってしまうんや。

大きな会社、大きなお店になると、いわば重心が限りなく足のほうにいく。そうすると、あんまり動かなくなる、というより動けなくなるんや。

そうなると、重心が足にあるからな、上のほうが少々錆びてきても腐ってきても全体としてなかなか倒れへんわけや。

だから、分からんのやね。自分の会社が錆びて腐りはじめておるということが分からんのや、経営者も、従業員も。

そこで大きな企業、大きなお店が心がけんといかんことは、どうやって不安定な要素を入れていくか、創っていくかということや。**会社の安定のために不安定を考える。それができん経営者は失格やね。**

その不安定さをどう考えるか、これはそれぞれの会社やお店によって違ってくるからな、一概にこれがいいとは言えんけど、わしの場合にはひとつ挙げれば事業部制であったと言えるわけや。

きみ、前にも言ったかもしれんが、**事業部制のいいところは、責任が明確になること、人材が育つこと、そういうことであるけれど、実はもうひとつ、不安定な状態を創り出すこと、すなわち、危機感の創出というところにもあるんや。**

そりゃそやろ。たとえばな、洗濯機。あんたとこは洗濯機だけで商売しなさい。それ以外はやったらあかん。あんたとこはテレビだけや。テレビだけで商売しなさいということになれば、それはたいへんだということになる。洗濯機がどうも売れんから、ほかの商品で商売しようか、テレビがどうも利益が上がらんから、ほかのもので利益を上げようかというような、まあ、いわば、逃げることができんわな。

なんとしても洗濯機は洗濯機で、テレビはテレビで必死に経営を考える。会社全体としてはうまくいっておるけれど、個々にはそういうことでひとつの危機感を持つ、創り出す。これが不安定要素を取り入れるということになるんやな。

このごろは事業も総合的に考えんといかんようになってきたから事業部制も工夫をせんといかんと思うけど、こういう事業部制の原点というか、哲学はちゃんと継承せんといかんわな。

最初の商売をしたときの、胸がどきどきしたようなこと、お客様の後ろ姿にいつまでも手を合わせておったこと、そういう、まあ、不安定さの心を忘れたらあかん。

午後五時

聞き役を持つ

ところで話は変わるけどね、**経営者は一人の聞き役を持っておらんといかんな。**経営上いろいろな問題や悩みがある。そういうことを聞いてくれる人やな。そういう人がおるかどうか。

誰でもそうやろうけど、そう毎日が楽しく愉快なときばかりではない。経営者とて普通の人間やから面白くないとき、辛《つら》いときもある。しかし、だからというて周囲の人に当たり散らしたり愚痴《ぐち》をこぼしたりということでは、大勢の部下の人たち、周囲の人たちが気の毒やな。だから少しぐらい辛いこと、厳しいことがあっても、経営者は、指導者なんやから、そういうことをグッとのみ込んで我慢せんといかんことがある。というよりそういう場合のほうが多いわけや。

しかし、それでも我慢できん、どうにも内からこみ上げてくる激情は抑えがたい、そういうときもある。そういうときにその聞き役やな、その人がおれば、思い切りその人に、腹の立つこと、思い悩むこと、なんでもかんでも話することができるわけや。話をすればおおかたパーッと発散して、まあ、気を取り直してこれからさらに発奮しようかということになる。

秀吉な、豊臣秀吉。彼がなんで天下を取ることができたかというと、石田三成がいたからやと、わしは思うんや。

秀吉は豪放磊落《ごうほうらいらく》な人やったとか、ほがらかな楽観的な人やったとか言われとるけどな、いくらそういう秀吉でも人間や。腹を立てたいときもあれば、愚痴をこぼしたいときもある。そういう怒りや愚痴を三成が受け止めたんやな。そうですか、なるほど、とか言うてね。三成が聞いてやった。こういう三成のような人がいたから、秀吉はほかの部下とか大将の前で、ほがらかに楽しく振る舞うことができたんやないやろうか。

それが、気分を晴らすこともできん、愚痴も言えん、煩悶《はんもん》を話すこともできんとなれば、もう直接部下や大将にぶつけんといかんということになるわな。しかし、三成がいたからな。秀吉は、そんなことをせんでよかった。

信長な、信長には、ああいう三成のような人間がいなかったからな。**もし信長に三成のような人物がいたら、光秀の、あの謀反《むほん》はなかったかもしれんな。**

三成は、たいした戦功がなかったのに、あれほど重用されたのは、秀吉にとってその苦悩とか煩悶とかを聞いてくれる相手、しかも貴重な相手やったからやといえるだろうな。まあ、いつの時代にも、こういう聞き役というか、そういうものが指導者には必要だと思う。

経営者にも、だから必要なわけや。社長にそういう聞き役がおったならば、腹の立つことでも、苦しみでも、なんでも話して気持ちを発散させて切り替えて、それではかの部下や大将には、いつもニコニコしながら、ああ結構や、結構や、あんた、きばりなはれ、やんなはれと言うことができるわな。そういう聞き役を持てるかどうか、見つけられるかどうか、運やろうけど、考えんといかんことやで、経営者は。

直言をしてくれる人を大事にする

それとな、反対のことを話すようやけど、**自分に直言というか、言うべきを言ってくれる、そういう人も作っておかんといかんよ。**

経営者として上に立てば立つほど、特に身近な人からの声は聞きにくくなる。そればかりではなく、いい話、耳当たりのいい話しか入ってこなくなる。

周囲の人たちの、ほとんどは、そうやなあ、九九パーセントはそういう人やけどな、わざわざ自分が悪者になりたくもないし、できれば上の人からいい人材だと思われたいということもあって、たとえ会社の発展につながることでも経営者や上司に都合の悪いことは言わない。たとえそれが経営者や上司のためになることでも、機嫌を損ねるようなことは言わないでおこうとする。

言うべきことがあっても言わない。大抵がそういうもんやな。そこをな、経営者も上の人も、よう心得ておかんといかん。

それはけしからん。言うべきも言わんということは、部下としてけしからんと。まあ、そういうことも言えるかもしれんが、人間、普通は、そういう姿やな。それが人情というものやな。それをけしからんと言うてみたところで、それは言うほうが無理、言われるほうがかわいそうというもんや。

だからこそ、経営者は自分にハッキリとものを言ってくれる人、直言してくれる人を大事にせんといかんのや。こういうことに気をつけないとあきませんよ、こういうことをよく考えんとだめですよ、このごろ少し見方が狭いですよ、というようなことを言ってくれる。そういう人を大事にする。意識して大事にするということや。

確かにそういうことを言われていい気持ちはせんわね。あんた、だめですよと言われて、それで喜べるということは、それはなかなかできんもんや。しかし、それを超えて喜ばんといかん。大久保彦左衛門？　まあ、そうやな。そういう人材を何人持っておるのか。多ければ多いほどええな。

そういう人の話や意見をじっと聞いておく。なるほど、なるほどと聞いておく。それは直言やからね。本来、経営者みずからが思い考えんといかんことを、あえてそういうふうに言ってくれるわけやから、だから、喜ばんといかん、感謝せんといかんということになるんや。

それをね、腹を立てる。おれはこの会社で一番偉いんだ、そのおれに意見するとは何事だと怒る。愚かなことやね。**経営者にとって大事なことは、自分の面子《めんつ》より、会社の発展やないのか。**そういう人も、聞き役の人と同じように、なかなか求めて得られるもんではない。

これも運やな。こういう人が自分の周辺に出てくるというのも、その経営者にとって運があるかないか、ということやね。だからな、自分に直言してくれる人、時として厳しいことを敢えて言うてくれる人を大事にする。それが会社を発展させるコツでもあるわけや。

後継者は謙虚であれ

もうそろそろ夕方になってきたな。植木屋さんたちは、まだ仕事をしとるな。いつごろ終《しま》いにするんやろうか。うん？　あと一時間はする？　そうか。えらい熱心やね。しかし、やっぱり、植木の手入れをしてもらうと、ずいぶんと景色が変わるな。お茶のおかわり、頼んでくれや。ほんま、きょうは、こんなにゆっくりするのは、仕事をしだしてから、はじめてやな。覚えがないな。

二代目の後継者ね。後継者がどんなことを心がけ、考えんといかんかということね。それはひとつはな、**なんというても謙虚であらねばならんということや。**

そのためには衆知を集めるというか、創業者や先輩諸氏に意見を求めるというか、そういうことをせんといかんわね。

というのはね、創業者というのは、いわば、無から有を創り出したわけや。なんもなかったところにひとつのお店なり会社を創ったわけやから、自分が創ったという意識が強い。当たり前のことやな。

それだけではない、そういう人に対しての、周囲の人たちの気持ちというものも相当尊敬というか、敬意を払うというか、そういう思いが強いわけや。また創業者と一緒に努力してきた人たちも創業者を中心にして自分たちもお店を、会社を創ってきたという、強い意識がある。

そういう中で、事業を引き継ぐのであるからして、二代目の人は、腰を低くして、創業者や先輩諸氏から教えを乞《こ》うといった姿勢がなければならんのや。

それを、**自分が事業を引き継いだのだから、もう、このお店は、会社は自分の考えで、自分独自の方針でやります、周囲の意見は聞きません、というようなことになれば、これは創業者も先輩もいい気分にはなれんわな。**

何を言っておるか。若いのに何を威張っておるのかということになる。

そういう反感が出てくれれば、やりたいことも、やらなければならないことも、思うようにできんということになる。

いや、みなさんの協力をいただかなければ、私は経営を円滑に進めていくことはできません、ご指導ください、お力をお貸しください、ご助言ください。

謙虚に、そして腰を低くして教えを乞うという雰囲気であれば、かえって、いやいや、きみもしっかりしているし、実力もあるのだから、思う存分やればいいよ、ということになる。それが人情というものやな。

謙虚に振る舞えば、先代の、また先輩の力や気持ちを自分の都合のいいように集めることができるわな。そういうことをせんと、いかんわけやね。とにかく、先代を、また先輩を自分の強力な応援団にするためにも、創業者に、すなわち、先代やわね、あるいは先輩諸氏に謙虚に振る舞うということが、とにかくまず大事なことやな。

そして、こんどはその創業者や先輩の権威を積極的に活用することや。自分がこう思うというより、創業者はこういうふうに言うてますよ、こういう考え方ですよ、と社員に話をする。**自分の考えを、創業者の言葉を借りて話をする。**

社員のほうも創業者の人もそう言うてるのか。そうか、そうであるとすれば、がんばろうということになる。それだけではない、創業者の考えを、こんどの新しい社長はよく理解しているということになる。ああ、偉い社長やな、立派な人やということになる。

あるいは、こんどの社長は衆知を集めて経営を進めるらしい。自分たちの話も聞いてくれるらしい、という気分にもなる。そんなもんやで。だから、先輩の、特に創業者の権威をおおいに活用できるかどうかやね。

徳川幕府が三百年も続いたと。それはな、二代目の秀忠がことあるごとに、ご神君は、家康公はこういうことを言うておられた、こういう考え方であったと言い、あとに続いた将軍たちもそれに倣《なら》って、同じようにご神君は、家康公はと言うたからや。権威の活用がいかに有効かということやな。

そういうことによってまた、ひとつの組織の中心が動かん、座標軸が動かんということになるわね。常に同じところから出発できるから、組織全体が動揺せんということもできるわけや。

そういうことで、二代目というか、後継者は権威の活用ということをせんといかんわな。

それから、**経営理念を精緻に研究、体系化することや。**

というのはな、創業者というのは、仕事を成功させるために、まあ、いわば、昼夜《ちゅうや》兼行《けんこう》で我武者羅《がむしゃら》にやるわけや。そのときに経営理念をまとめる余裕もない。必死に仕事に取り組んでおるというのが通常の姿や。

あるいは、その創業者の存在そのものが、そのまま経営理念と言うことができるから、わざわざまとめんでも済むというところがある。

本当はまとめたほうがええんやけど、まあ、そういうことになる。で、まとめられておらんと。まとめられておっても、おおまかであると。

そこで**二代目の後継者は、その創業者の経営理念を研究し体系化するという作業をせんといかんわけやな。**

どうして体系化せんといかんか、文章化せんといかんかというと、考え方、理念というのは、ちょうど水のようなもんや。水であるからして料理もできるし、物も洗うことができる。しかし、その水のような状態では、次の人、隣の人に一滴も漏らさず手渡しすることはできんわね。

そこで、どうしたら水を一滴も漏らさず手渡すことができるかといえば、その水をいったん凍らせることや。

そやろ。凍らせれば漏れることはない。その水を凍らせる作業、それが経営理念の体系化ということになるんや。それを後継者はやらんといかん。

しかし、このことからも分かることは、文字に書かれた経営理念というものは、いわば、氷であるということを知っておらんといかんわな。文字に書いてあります。こここにこう書いてあります、ということではいかんわけで、それでは氷でご飯を炊いたり、料理をしようとするのとなんも変わりのない愚かなことや。氷は一度溶かして、水にして使わんといかん。

経営理念というものも、体系化した、文章化されたものを使いこなすには、その文章化された経営理念を水に溶かさんといかん。そのことを理解したうえで、また、社員にも理解させたうえで、後継者は創業者の考え方、行動を十分に念頭において、経営理念の研究、体系化に取り組まんといかんね。

これが、後継者にとって大事な課題やな。

次に大事なことは三代目の育成をしっかりとやるということや。それがわが子であるか、生え抜きの社員であるかは問わん。

というのはな、**大概組織というのはこの三代目が、その盛衰の鍵を握っておるわけやね。**これがうまく育つか育たないかということや。これはなかなか難しいよ。

というのはな、三代目というのはな、生まれながらにして殿様や。二代目はなんといっても初代の、創業者の後ろ姿を見てきたわけや。ああ、こういうときに創業者は汗を流したな、ああいうときに涙を流したな、というように、創業者の苦労がよう分かっておる。汗を流すことの大切さ、涙を流すことの貴《とうと》さをからだで知っておるわけや。

けど、三代目はそれを知らんわね。初代の苦労が分からん、無から有を創り出した努力が分からん、ということや。で、**会社は最初からあるもの、努力せんでも存在しているもの、そう思う。**

いや、そういうことはない、ちゃんと分かっております、と言うたところで、それは所詮頭の中でだけやな。

それに、周囲もおだてるわけや。もうあなたは次の社長です、次の大将です、そう言って持ち上げる。どうしても、本人がいくらしっかりしておってもそういう環境であれば、どうも考え方が甘くなるのは仕方がない。

本当はそれは本人の責任というよりも周囲の人たちの責任であるけれど、そういうことになる。誰でもがそうだとは言えんが、往々にしてそういう傾向は否定できんわね。

ああ、経営はそんなに一所懸命にやらなくてもだいじょうぶだ。自分はそんな仕事よりも好きなことをやりたい、やっておりたい。あるいは経営に取り組むといっても必死でというようなことはやらない。そういうことになりやすいわけや。

だから、**二代目の社長は、自分の後継者を全力あげて育成せんと、たいへんなことになる。**

売り家《いえ》と唐様《からよう》で書く三代目、という言葉があるやないか。下手をすると会社を潰すような人材ができ上がる。そういう人材を作り上げげんように、自分の後継者の育成に全力をあげんといかん、ということになるわね。

まあ、そんなことを心がけ、考えることが後継者、特に二代目の後継者には大切なことだと思うな。

衆知を集める

ああ、お茶、ありがとう。おいしいな。

あそこに、池のな、島に石塔が立っておるけど、あれは相当に古いんや。奈良時代のものらしいな。

一番下の石のところに、四方に仏さんが彫ってあるけど、もう風化してしまって、よう分からんけど、やっぱり何か雰囲気というものがあるから不思議やな。

向こうの築山の右のところにも、もうひとつある。あれは新しそうやな。うん？　江戸時代のもんか？　あれはぜんぜん傷んではおらんわね。最初はああいうもんもお墓であったんやろうけど、だんだんと庭の景色に取り入れられて、こうして飾り物になっておるんやろうけど、そういう考え方の変化が面白いわね。

きみ、あの島に渡ったことあるか？　わし、あるよ。

随分と狭いもんやから、池の水がすぐ足もとにきてる感じやな。ああいう小さな島をあそこにつくるというのも、この庭をつくった庭師さんのセンスというもんやろうけど、まさに全体の景色にぴったり当てはまっておる、という感じや。さすが庭作りの名人と言われた人だけのことはあるわね。


もうそろそろ帰らんといかんな。五時過ぎたか。植木屋さんたちも片付けをはじめとるね。

夕方の景色もきれいや。四季折々の変化、一日の変化、それぞれにええけど、とにかくこの庭だけでなく日本の風景は美しいね。しみじみ日本に生まれたことの幸せを感じるね。

この日本には伝統の精神ともいうべきものが脈々と流れておる。ひとつは何かというと、**衆知を集めるということやな。これが第一のわが国の伝統精神ともいうべきも**

んや。

神話の話ということになるんやろうけど、いざなぎ、いざなみの神様がどうしても子どもがうまくできん。で、どうするかというと、その神様が二人して天《あま》つ神々のところへ行く。相談に行くんやな。どうしたらいいかと。

そうすると、面白いことに、天つ神々が占いをするんや。占いをするということは、神様たちが、また誰かに相談しておるということやわな。

結局、日本の神様には究極の神が存在しないということを表しておるということになっておるけれど、このことはまた日本では多くの人たちの知恵を集めて事を決めていくということを言うておるということにもなるわな。

また八百万《やおよろず》の神々の共同生活の様子が『古事記』や『日本書紀』に書かれておるけどな、まあ、神話とはいうものの、神様たちが常に衆議によってというか、神様たちの知恵を集め相談しつつ物事を決め、とり行っている。

天照大神《あまてらすおおみかみ》は最高位の神ではあるけれども、独断専行《どくだんせんこう》してはおらんわね。こういう傾向は日本人が何かを行う場合はいつも衆知を集めてやっていたことを示しているのではないかと思うな。

仏教を入れるときもな、これを取り入れるべきかどうかは、自分一人の独断で決めるわけにはいかんと、時の天皇さんが考えて、人々にその是非をはかっておるわね。そしてはじめて仏教を取り入れておる。

聖徳太子さんが十七条の憲法を定めておられるけど、あの中にも、独断で物事を決めたらいかん。必ず多くの人と議論しなさい。多くの人と議論を尽くせば物事の真理も明確になるというようなところがあったな。これも衆知を集めるという、わが国の伝統精神の表れやな。

戦国時代というと、きみ、大将が独断でやっておったように思うけど、名君良将といわれた人は、ほとんどが衆知を集め、家臣の声、世間の声を聞き、相談して事を決しておるわけや。

あの信長な、あの信長でさえ、桶狭間《おけはざま》の合戦のようなときでも、結果としてはただ一人城を打って出るということをしておるけど、それでもやはり、重臣たちの意見を聞いとるわけや。そのうえでその衆議を上回る知恵をみずから生み出しておるわね。

徳川幕府においてもそやな。将軍を補佐する複数の老中をおいて、そこで衆知を集めて政治を行っていたと言われておるわね。

このように**武士の時代、封建時代にあっても、やはりその時その時、その場その場に応じて、できるかぎり衆知を集めながら最善の道を求めて共同生活の運営をしていくということが行われてきたわけや。**

それからな、明治維新になったときも、五箇条の御誓文が発表されて、それからの日本の国家経営、国民活動の根本指針とされてきたけど、その第一条にも「広く会議を興し、万機公論に決すべし」とあったわな。

これも当時の先進国の議会制度に学ぶというところがあったんやろうけど、しかし、ただそれだけではない。やはり、長年にわたって培われてきた、衆知によって事をなすという日本の伝統精神が表れたものだと考えられるわね。

こういう日本の伝統精神は国内でだけ表れておるというものではない。外国に対しても言えるわけや。

つまり、海外からも日本人は衆知を集めて、この日本の国を発展させてきた。言い換えれば、外国のよいもの、すぐれたものを受け入れ、それをわが教えとして生かすことによって、自分を高めてきたと言えるわね。

たとえば宗教や。宗教は仏教というものを千数百年前から、中国や朝鮮から取り入れ、また明治以降はキリスト教も受け入れてきた。さらに道徳も古くから中国の儒教を取り入れ、これを政治の上、あるいは個々人の生活の上に生かしてきとるわね。

そのほかにも、たとえば漢字、暦、美術や工芸などの手法、政治や社会の制度などといったものを、古来、中国からいろいろと学び、それを長い間に次第に消化吸収して日本の文化を作り上げたんや。

そのようにして**昔の日本人は隣国であり、また当時先進国であった中国を中心に、海外から多くのものを学び受け入れてきた。**さらに近代に入ってからは、欧米先進国の進んだ科学技術、あるいは産業の知識、法律などの諸制度、いろいろな思想を受け入れてきたわけや。

長い鎖国のあと、諸外国と交際してみると、それらの国々は非常に発展しとる。だから、日本としては明治維新というひとつの大きな改革を行い、新たに近代化のスタートをきったときに、これから日本という国を発展させていくために、そうした先進国に学ぶべきものはおおいに学び、それを生かしていくことを当時の日本人は考えたんやな。

そのように欧米の進んだ技術や知識を取り入れ、わが教えとして生かすことによって、日本の国、日本人の生活を非常に発展させることができたんや。

そのようにして**日本人は二千年の間、国内ではいろいろな形で常に衆知を生かしつつ、また一方では広く海外の衆知を吸収し、それによって日本を今日の姿にまで発展させてきたわけやな。**

そこに日本のひとつの大きな伝統があるのではないかと思う。

主座を保つ

二つ目の日本の伝統精神は、主座を保つということやね。いつも自分というものを忘れない。忘れているように見えるときもあるけれども、忘れていない。本来の自分というものを根底に置いてその上に新しいものを乗せる。

そういうところが日本人にはあるな。だから外国からさまざまな文化を取り入れたけれど、日本らしさというか、本来の日本たるところのものを失わんというところがあるね。

たとえばな、文字ひとつとってもそういうことが言えるわけや。

いま、われわれは文字としては漢字と平仮名と片仮名というものを使っておるわな。

その漢字というものは、いうまでもなく中国から入ってきた。その漢字が入ってくるまでは、日本には文字らしい文字はなかったと言われておるわね。そういうところへ漢字が入ってくれば、それがそのまま日本の文字となり、漢字一色ということになっても不思議ではないと思う。

けど実際にはそうはならんかったわけや。**その漢字をもとにしていつの間にか日本の言葉に合わせた平仮名と片仮名を作り出し、それを漢字と合わせて使うことによって、読み書きを非常に便利にしておる。**

ある有名な評論家の先生やったかな、その先生も日本文化をひと言でいえば、「仮名文化」である。仮名文化が存在しなかったら日本も存在しなかったとまで言っとるわな。それだけではない、今日の近代化にも工業化にも非常な困難を伴ったであろうというようなことを言うておられる。

結局、漢字という外国の文化を受け入れたけれども、それをただ鵜《う》呑《の》みにするだけではなく、日本の実情に合わせて、よりよいものにつくり上げていったわけで、そこに日本の伝統精神の、主体性を失わない、すなわちやね、主座を保つという、そういうところがはっきりしとるわな。

　宗教というものもそうや。うん？　六世紀ごろに百済《くだら》から仏教が伝えられたといわれておるけど、それが次第に日本のすみずみといっていいほどに広まり、日本の文化を形成するまでになったわな。

　しかし、それはそれまでの日本固有の考え方とか、伝統なりがよくないから、そういうものを捨てて、そのかわりに仏教を取り入れたのではない。**日本の古来の、考え方や伝統精神はそのままにして、その上に仏教を取り入れているわな。**

　それは、そういうやり方をしたほうが、これまでよりも好ましい姿が生まれてくるにちがいないという観点から、仏教を受け入れ、それを日本人なりに消化吸収している。仏教を受け入れた国には、今までの宗教や古来の考え方をすべて捨ててしまった国もあるようだけど、日本は違うな。

　日本は伝統の精神を堅持しつつ、人々の精神生活に役立つと思われるものは、進んでどんどん生かしていこうとしたわけで、ずっとあとになるけど、キリスト教まで受け入れておるわね。だから、そういうように受け入れていった仏教というものを、時とともに日本化していくわけや。

とくに中世になって法然とか親鸞、日蓮といった人が出て、仏教本来の教えを生かしつつ、日本の国情に則した日本的な仏教といわれる新しい宗派を開いている。また、多くの人々が仏教徒になり、祖先の霊を仏壇にまつりながら、また、神社にお参りしたり、お祭りに参加したりしとるわね。

つまり、古来、祖先の霊をまつるということを、日本の伝統精神に立ちつつ、仏教の教えを活用して仏壇にまつっているとも考えられるわけや。

そういうように、**日本人は仏教というものをひとつの教えとして尊び、それをみずからの向上のために吸収したけど、自分自身というものを終始一貫主座に置いてきとるわけや。**

だからやな、日本の伝統精神というものを根に、仏教の花が生き生きと咲いたのだと思うな。そして、だからこそというか、日本において、いろいろ紆余《うよ》曲折《きょくせつ》があったものの、仏教はどこの国よりも美しく開花したともいわれておるわね。

これは道徳の面についても言えるで。儒教な、いわゆる孔孟《こうもう》の教えやな、これがわが国の中心といえるわな。それも日本人は代々の天皇さんや治世者の帝王学に取り入れて日本化しておる。**武士道精神にも、一般の人々の日常生活の道義道徳にも、儒教を取り入れて、取り入れつつ、日本人古来の伝統精神を失ってはおらんのや。**

聖徳太子さんな、偉い人やで。当時の中国の皇帝に使いを送ったときに、その使いに持たせた手紙は、きみも知っとるやろ。「日出ずる処の天子、書を日没する処の天子に致す、つつがなきや……」という文章ではじまっとるわね。

当時の中国は先進国であり、日本よりはるかに大国であったわけや。その相手に対して決して卑屈になることなく、独立国としての主座をもって対等に友好親善を深めていこうという気概を、太子さんがはっきりと持っておったのが分かる。それは、すなわち、日本の天皇さんの、また日本と日本人の伝統精神の表れでもあるわけや。

明治になるやろ。それで日本は独立を保ち、国を発展させていくには、近代化をしなくてはならんということで、「文明開化」とか「殖産興業」とか「富国強兵」といった国是を掲げ、いわゆる官民一体となってそれに当たったわな。

そして、そのためには進んだ西洋の知識を、政治、経済、あるいは社会のあらゆる面で導入することが必要であると考え、積極的にいろいろなものを取り入れた。けど、その際にも、やはり日本人としての主座はしっかりと保っておるわけや。**当時「和魂洋才」ということが言われたそうやけどな、それも、日本人としての魂、言い換えれば伝統の精神は堅持しよう、堅持しながら、進んだ西欧の知識や技術を取り入れ、身に付けようとしたんやろうな。**

だから、外国人を招いてさまざまな場で、相当な待遇で働いてもらっておるけど、それはあくまでもすぐれた技術とか知識を出してもらうだけで、決して精神まで教えてもらおうとはしとらんのや。

つまり、主人公はあくまで日本人であって、主人公の立場で対応しておる。すぐれた知識や技術に対しては、丁重に礼を尽くしつつも日本人としての心を堅持していたわけで、決して外国人のいいなりになっておったわけではないのやな。

そういうようにしていろいろな形で欧米諸国の進んだ文物を取り入れ、それによって政治の制度や法律を整え、教育文化を高め、産業を振興し、軍備を充実させたりして、日本を発展させた結果、いわば**チョンマゲを切り、刀を捨ててわずか四十五年という短い間に、まあ、あっという間に、当時の世界の五大強国のひとつといわれるまでになったんやな。**

明治維新当時のアジアにおいては、多くの国が欧米列強の植民地となってしまったわな。その中にあって、一人日本だけがそういう姿に陥らずに済んだということは、日本の地理的条件とか、あるいは欧米よりは遅れていたとはいえ、なお当時の日本がアジアの中で、相当に進んだものを持っていたというような、そういういろいろな理由があるやろうけどな。

しかし、その根本になるものは、日本人としての主座というものを堅持し、自主独立の国家経営を行っていくという伝統精神を、当時の指導者なり一般の国民が、意識するとしないとにかかわらず、持っておったからではないやろうか、わしはそう思うんや。

二千数百年の歴史を通じて、日本人が一から作り出した固有の文化というものはきわめて少ないかもしれんわな。われわれの衣食住に関するような日常的なものから、政治や社会の仕組み、産業のやり方、宗教や思想、いろいろな芸術などは、大抵が外国から入ってきたものばかりだといえる。

けどな、それにもかかわらず、そのすべてを生かし、そこに独自の日本文化というものをつくり上げ、しかも最近になってそれが非常に外国の注目を集めている面もあるわな。禅とか茶道とか華道とかな、広く海外にも普及されつつあるようやな。

まあ、**日本人は、特に主座を保つというか、自分を堅持するというところがあって、それが日本の伝統精神のひとつであるといえるように、わしは思うんや。**

和を貴《とうと》ぶ

日本の伝統精神の三つ目はな、和を貴ぶということやな。

どちらかというと、日本人は争い事をできるだけ避けようとするところがあるわな。ものごとの白黒をはっきりさせんところがある。まあ、どちらがいいとか悪いとかということではなくて、話し合いというか調整によって事を収めようとするところがあるわな。

それがいいという場合もあるし、あかん場合もあるけど、しかしとにかく喧嘩せんとやろうやないかというところがあるやろ。和を貴ぶということが、そういうところにも表れておるわけや。

まあ、日本は農耕民族だからな、昔はお互いの作業を助け合っておったんやろうな。

みんなで仲よくやらんとできへんわけや。そういうところが西欧の、狩猟を主にやっておった人々とは多少異なるところが出てくるのは当然やな。

別に西欧の人たちが和を大事にせんということではないけれど、**狩猟するときは指導者とか決定とかそういうことが重要になってくる。勢い、命にかかわるから白黒をはっきりさせんといかんというところも出てくる。**

しかし、わが国は、まあ、みんなで集まって、さあ、種まきはいつしようか、いつごろ取り入れをしたらいいんだろうか、というようなことだったと、わしは思う。そういうときに、話し合いとか調整とかそういうことが大事であったんやろうな。

そんなことで、仲ようやろうということが自然に身に付いた。それが次第に伝統精神になってきたんやろうと思うな。

また聖徳太子さんの話になるけど、十七条の憲法の、その最初のところに、「和をもって貴しとなす」とあるやろ。

人間はお互いに仲よくすることが大切であって、争いや戦争をしてはならない、和の精神を貴び平和を愛好しなければならないということやな。

今日、世界の国々が相寄って、国際連合というものをつくり、争いをなくし、平和を維持していこうとしておるわね。けれども、**そうした平和の精神、和を貴ぶ心は、日本においては、すでに千三百年前に、国家の基本の法律である憲法の、しかもその第一条にはっきりと掲げられておる。**

むろん和を貴ぶことの大切さ、平和を愛することとの必要性を説き、教えた聖人哲人といわれる人々は世界中にたくさんおったやろうな。仏教や儒教の教えにも当然そういうものがあるわね。

けど、千三百年前に、それを国家の憲法の、しかも第一条に掲げて国家経営の指針とした国がほかにどれほどあるんやろうか。わしはほとんどないと思うな。

そういうことを考えてみても、日本人には世界のほかの国民にもまして、本来、平和愛好の念に強いものがあり、そういうところに、日本人としての伝統精神のひとつの根底があるように思うね。

武士道というと「葉隠《はがくれ》」というのか、あれがこの前の戦争のとき使われてずいぶんと誤解をされてしまったようやけど、まあ、武士の情けとかあわれみとか、そういう言葉があるように、決して争いを好むということが根底にあるのではない。**むしろ戦わんと。戦わずして勝つのが武士としては最上であると、そういう考えであるわけや。**

あるいは、ひとつの戦《いくさ》があって、一方の軍が勝ち、一方が負けたときに、勝ったほうの大将が負けたほうの大将の首実検をする。それを非常に丁重に、ひとつの礼をもって行ったということや。

「あなたは、武運つたなく戦に負けたけれども、立派な戦をされた。だから、私は心から敬意を表する」ということやな。礼をささげる。

そういうところにまことに興味深いものがあるわね。戦争それ自体はやむを得ずしたけれども、しかし、負けた相手に対しては、十分な敬意を表して、ねんごろに弔う。そういう姿をもって、当時の人々は、戦の道、もののふの道、人の道としたわけやな。おおむね単に憎しみをもって相手を倒すということとは違ったものがそこにあると思うんや。

徳川時代でもそうやな。常識的に考えてあれだけ続いたということは、武力によって残虐なことが行われていた、無慈悲なことばかりが行われておったということではないわな。そういうことであれば、三百年近くも続かんわけや。

そうではなくてむしろ儒教のような学問を研究、奨励し、いわば人間哲学というものを基礎において政治を進めることを理想とし、そういう考えに立って実際の政治を行っておったと思う。いわば徳行政治を基本としておったといえるわけで、こういうことからも和を貴ぶ日本の伝統精神がうかがわれるわけやな。

明治になって百年ほどの間に不幸にして日本は何度か戦争をした。そういう姿を見て日本人は平和を愛するよりも、戦争を好む国民だ、それが日本人の国民性なのだという見方が海外に生まれてきた。まあ、それは致し方のない面もあるけど、日本人自身の間にも一部生まれてきておるわな。

確かに明治以降の歩みを一面だけ見ておると、そういう見方もできるかもしれんが、それは一面であり、短期的見方であるわけや。

やはり長い歴史の中で日本人がどのように歩んできたか、どのような考え方であったのか、そういう判断をせんといかんのやないやろうか。特に一部の日本人が日本人を本来好戦的で軍国主義的な国民だと考えておるのは、長い歴史を知らんのやね。

歴史を通観すればな、日本人が和を貴び、平和を愛し、お互いに仲よくし合っていこうとする国民であり、そういう伝統の精神を持っていることがすぐに理解できるわけや。**長い歴史を通じて受け継がれてきた「和を貴ぶ精神」、それをはっきり認識し、その上に立って、平和を求めていく、それが大事やな。**

とにかく日本の伝統精神は、ひとつは衆知を集めること、二つ目は主座を保つこと、三つ目は和を貴ぶということであると、わしは思っておるんや。こういう精神を認識し理解し大事にしていくことが日本と日本人自身のみならず、国際社会や世界人類のためになる。そういうことをよく考えておかんといかんな。

反省と感謝を忘れない

六時やな。もうそろそろ帰るわ。

こんなに長いこと話をしたのははじめてや。

しかし、明るいな。冬のころであれば真っ暗やね。青葉若葉がほんまきれいや。まあ、長生きして、こういう美しい景色を見られるのも幸せやな。ありがたいことだと思うよ。こうやって立って見るとまた少し景色も変わるな。うん、ええ庭や。

きみな、誰でもそうやけど、**反省する人はきっと成功するな。**本当に正しく反省する。そうすると何を次にせんといかんか、何をしたらいかんか、そういうことがきちんと分かるからな。それで成長していくわけや、人間として。

けど、何をしても反省せえへんと。やったことに対してあれはよかったのか、悪かったのか考えもせん、思いもせんというようなことでは、次のときそれが役に立たん。どうであったかわからへんからな。同じことをするわけや。悪いことは同じ間違いを繰り返すということやな。

いいことは覚えておいてそれをやったらええけど、間違いは繰り返さんと、そういうところに人間の成長があるんやね。

それに反省するところからは、きっと感謝報恩の念がおのずと湧いてくるんやな。あのとき本当にありがたかったなとか、あの人のおかげやなとか、あれぐらいですんだのは、あの人がおったからやとか。そういう念が出てくる。

最近は感謝報恩の心をみんな忘れておるようやな。しかし、他人ばかりやない。わし自身、感謝報恩の心が足らんと思うな。

とにかくお互いに反省したり、感謝報恩の念を持ったり、そういうことを心がけんとな。みんなが心がければ、世の中、もっともっとようなるわ。

このごろきみも忙しいやろ。からだに気ぃつけんといかんで。わしは百六十歳まで生きると。それを目標にしとるんや。

とすればやらんならん仕事はいっぱいあるわけや。それをきみにも手伝ってもらわんといかんからな、きみがわしより早よう逝ったら困るわけや。無理せんとがんばってくれや。

うん、ほかに用事ないか。それでは、きょうはこれで帰るわ。

あとがき

Conclusion

本書をお読みいただいたことを、まずもって感謝申し上げる。松下幸之助の考え、経営観、政治観など、十分に伝えきれていないところもあると思うが、読者の皆さんが「松下幸之助」を通して、「日本的経営」の思考ベクトルを確認していただき、ご理解いただいたとするならば、望外の幸せである。

ふと思い出したが、故・渡部昇一先生が「最近（一九九〇年）は、日本的経営が行き詰まったなどという経営者もいるが、そういうことは考えられない。行き詰まったと思うのは、その経営者に経営能力がないんですよ」と言ったことがある。

また「松下さんの水道哲学も、非常に的を射ていると思う。いいものを安く、たくさん、ということは、産業人の使命として、もっとも大切にしていかなければならないことだ。しかし、いまみたいな材料、部品だと夢の島（当時の東京湾のごみ集積場）みたいになる。だから松下さんの言うように、使い終わったら、消えてしまう、そういう材料まで考え出せ、それが真の水道哲学だと。いいものとは、そういうものだと前提にするなら、いくらつくっても、そして、しかも安い、そして、どんどんつくってもごみにもならない。それは一般大衆にとって、まことに喜ばしいことだ。

水道哲学とか日本的経営が行き詰まったという考えを取るならば、戦後、日本をつくり上げた基本精神が払拭される恐れがある。松下さんが、水道を見て、思いついたアイデアは、天が天才に与えたひらめき。その精神が分かれば、まさにこれからこそが水道哲学の時代ですよ。品質、材料まで考えなさい、廃棄物として処理の難しいものでつくるのは問題なので、まだ知恵の出し方が足りないと松下翁はおっしゃっているだろうと思う」と言われたことがあった。

まさに今日、経営の根幹に影響を与えるＣＮ（カーボン・ニュートラル）ではないか。カーボン・ニュートラル二〇五〇ではないか。

さすがに渡部先生で、いま思えば松下幸之助と接し、話を聞きながら、松下の考えを十分にくみ取り、私に的確に「雑談」をしていただいたものと感服する。

渡部先生は、常に的確なコメントを、まっすぐに言われる先生だった。松下幸之助にさまざまなアドバイスをいただいた。

あとがきの最後に申し上げたいのは、渡部先生が松下幸之助の話を、まことに的確に解釈されているということである。

禅語に「雲収山嶽青（雲収まって山嶽青し）」という言葉がある。「雲が晴れて山々が青く美しい」と読み取るかもしれない。普通は、そうであろう。しかし「私心、邪心、我執を取り払えば、本来の自分、仏性を持った己れ、清らかな自分が現れてくるぞ。だから、私心、邪心、我執を取り払えよ」と読み取れるか。

それは、問題意識の違いではなかろうかと思う。「読む」ということはそういうことだろうと思う。本書を、つまらぬ戯言と感じるか、あるいは、本書をヒントにして、「松下幸之助」を超える自説を構築できるか。ひとえに読者の皆さんの問題意識にかかっているのではないかと思う。

「なぜ、いま松下幸之助なのか」「こんな時代だからこそ、松下幸之助なんだ」という問題意識をもって、お読みいただいたと信じている。

本書が、読者の皆さんの日本的経営を考える「踏み台」になることを願っている。

松下幸之助 （まつした・こうのすけ） 1894～1989

松下電器産業株式会社（現・Panasonic）創業者。昭和を代表する経営者。

父親が米相場で失敗し、小学校4年で中退。一家10人は離散。本人は、大阪商人のメッカ・船場で火鉢屋、自転車屋で丁稚奉公。15歳の時、大阪の市電を見て、これからは電気の時代と直感。23歳で起業。蒲柳の質であったため、静養しながら、事業部制で経営を展開。また、某宗教本山に案内され、「産業人の使命」を悟り、その使命感をもとに、経営を展開したことはあまりにも有名である。ゼロから出発した会社を70年間で7兆円の企業に育て上げ、世界を驚かせた。とりわけ、アメリカの学者たちは、競って、「松下幸之助」を取り上げた。また、アジア各国の経営者たちは、「松下電器」「松下幸之助の経営」を手本とした。また、独自の「人間観」を樹立し、思考の核心的哲学である「人間皆偉大」「人間大事」を主張した。1946年に、PHP研究所を設立し、その活動を通して、社会啓蒙活動を展開、さらには、1979年、松下政経塾を設立し、政治家養成に取り組むなど、文化的活動も行った。アメリカの『ライフ』誌は、「最高の産業人」「最高所得者」「雑誌発行者」「ベストセラー作家」「思想家」として、1964年9月に紹介している。勲一等旭日桐花大綬章、勲一等旭日大綬章、勲二等旭日重光章、勲一等瑞宝章、紺綬褒章、藍綬褒章、また、海外からも多数受賞している。多数の著作を残しているが、『人間を考える』『道をひらく』などは、現在でも多くの人たちに愛読されている。【編集部記】

江口克彦 （えぐち・かつひこ）

一般財団法人東アジア情勢研究会理事長、台北駐日経済文化代表処顧問等。

1940年名古屋市生まれ。愛知県立瑞陵高校、慶應義塾大学法学部政治学科卒。政治学士、経済博士（中央大学）。旭日中綬章、文化庁長官表彰、台湾・紫色大綬景星勲章、台湾・国際報道文化賞等。

故・松下幸之助氏の直弟子とも側近とも言われている。23年間、ほとんど毎日、毎晩、松下氏と語り合い、直接、指導を受けた松下幸之助思想の伝承者であり、継承者。松下氏の言葉を伝えるだけでなく、その心を伝える講演、著作は定評がある。現在も講演に執筆に精力的に活動。参議院議員、PHP総合研究所社長、松下電器産業株式会社理事、内閣官房道州制ビジョン懇談会座長など歴任。

著書に、『最後の弟子が松下幸之助から学んだ経営の鉄則』（フォレスト出版）、『凡々たる非凡―松下幸之助とは何か』（H&I出版社）、『松下幸之助はなぜ成功したのか』『ひとことの力―松下幸之助の言葉』『部下論』『上司力20』（以上、東洋経済新報社）、『地域主権型道州制の総合研究』（中央大学出版部）、『こうすれば日本は良くなる』（自由国民社）など多数。【編集部記】

本書は、1991年10月にPHP研究所から刊行された『経営秘伝　ある経営者から聞いた言葉』を改題し、加筆修正しました。

こんな時代だからこそ学びたい 松下幸之助の神言葉50

発行日　2021年11月5日　第1刷

著者　江口克彦

本書プロジェクトチーム

編集統括	柿内尚文
編集担当	小林英史
デザイン	鈴木大輔、仲條世菜（ソウルデザイン）
編集協力	山崎修（悠々社）
DTP	G-clef
校正	植嶋朝子
営業統括	丸山敏生
営業推進	増尾友裕、綱脇愛、大原桂子、桐山敦子、矢部愛、寺内未来子
販売促進	池田孝一郎、石井耕平、熊切絵理、菊山清佳、吉村寿美子、矢橋寛子、遠藤真知子、森田真紀、高垣知子、氏家和佳子
プロモーション	山田美恵、藤野茉友、林屋成一郎
編集	舘瑞恵、栗田亘、村上芳子、大住兼正、菊地貴広
講演・マネジメント事業	斎藤和佳、志水公美
メディア開発	池田剛、中山景、中村悟志、長野太介
管理部	八木宏之、早坂裕子、生越こずえ、名児耶美咲、金井昭彦
マネジメント	坂下毅
発行人	高橋克佳

発行所　株式会社アスコム

〒105-0003
東京都港区西新橋2-23-1　3東洋海事ビル
編集部　TEL：03-5425-6627
営業局　TEL：03-5425-6626　FAX：03-5425-6770

印刷・製本　中央精版印刷株式会社

Printed in Japan ISBN 978-4-7762-1176-1

本書は、1991年10月にPHP研究所より刊行された『経営秘伝　ある経営者から聞いた言葉』を改題し、一部加筆・修正したものです。